PRINCÍPIOS E ESTRATÉGIAS

gamification

raul inácio busarello

2016

Direção Editorial: Patricia Bieging, Raul Inácio Busarello

Capa e Projeto Gráfico: Raul Inácio Busarello

Editora Executiva: Patricia Bieging

Autor: Raul Inácio Busarello

PIMENTA COMUNICAÇÃO E PROJETOS CULTURAIS LTDA – ME.
São Paulo - SP. Telefones: +55 (11) 96766-2200 - (11) 96777-4132
E-mail: livro@pimentacultural.com
www.pimentacultural.com

gamification
PRINCÍPIOS E ESTRATÉGIAS

expediente

Dados Internacionais de Catalogação na Publicação (CIP)

B976 Busarello, Raul Inácio. Gamification: princípios e estratégias. Raul Inácio Busarello. São Paulo: Pimenta Cultural, 2016. 140p.

Inclui bibliografia.
ISBN: 978-85-66832-37-2 (eBook PDF)
978-85-66832-38-9 (Brochura)

1. Gamification. 2. Gamificação. 3. Aprendizagem. 4. Motivação. 5. Engajamento. 6. Narrativa. 7. Jogo. I. Busarello, Raul Inácio. III. Título.

CDU: 371.3
CDD: 300

2016

sumário

apresentação

Este livro é fruto de parte de um extenso trabalho de pesquisa, de cunho teórico, reflexivo e prático, na busca de soluções que apontem para a criação e manutenção de processos motivacionais eficazes aos indivíduos. Por isso, é dedicado a explorar e discutir conceitualmente o fenômeno *gamification*, apontando direções e diretrizes para a aplicação desta prática independente das áreas: corporativa, mercadológica ou instrucional. Todavia, relaciona o termo ao processo de aprendizagem, que no contexto deste livro, é amplificado e percebido como as formas cognitivas que o indivíduo apreende, percebe e se relacionar com o mundo. Abrange todas as relações entre o sujeito e o conhecimento.

A aprendizagem, neste sentido, é um processo inerente ao ser humano, estando presente em todos os aspectos da vida do sujeito, influenciando assim seu modo de ser e agir, nos mais variados contextos e práticas.

Entendo como necessário também, antes do início da leitura, evidenciar que o termo *gamification*, dentro de algumas obras da língua portuguesa, foi traduzido para gamificação. No País os dois termos são encontrados como sinônimos em bibliografias literárias e acadêmicas. Confesso que eu mesmo, utilizo os dois termos em obras e contextos distintos. Entretanto, não gostaria de abrir neste espaço, um debate conceitual sobre qual o melhor rótulo para este fenômeno.

Ao contrário, busco explorar justamente o entendimento e a amplitude daquilo que se refere o termo. Dessa forma, por uma questão formal no auxílio da identificação e rotulagem da expressão, nesta obra adotarei o termo *gamification*.

Minha intenção é que esta obra complemente a discussão e visão sobre o tema, servindo de material de apoio para pesquisadores, professores, gestores, criativos, entusiastas e curiosos. Enfim, para todos aqueles que de alguma forma buscam inovar em suas práticas, tornando-as motivadoras, engajadoras e divertidas.

Boa Leitura!

Raul Inácio Busarello

1

abordagem inicial: o que é gamification?

Compreende-se que as práticas destinadas ao processo de aprendizagem devem ser constantemente ajustadas à realidade dos indivíduos[1] e com foco no acompanhamento das transformações tecnológicas da sociedade[2]. No contexto contemporâneo busca-se estimular a aprendizagem através de meios multi e transdisciplinares com o intuito de elevar os níveis motivacionais e de engajamento dos indivíduos[3] com o propósito de proporcionar experiências mais efetivas e relevantes ao sujeito. Uma das práticas, por exemplo, que vem estimulando a motivação e experiência dos sujeitos nestas práticas é a utilização e exploração de diferentes e criativas narrativas[4] no processo de retenção e relação com o conhecimento, uma vez que estas têm o poder de integrar e motivar vários agentes nos amplos e diversos contextos de aprendizagem[5]. De forma análoga, identificam-se os jogos como mídias capazes de motivar os indivíduos, se apresentando como alternativa eficiente no processo de geração de conhecimento[6].

1. Lazzarich (2013).
2. Novaes (2003).
3. Tuncel e Ayva (2010).
4. Narrativa no contexto desta obra se refere ao termo *storytelling*.
5. Weller (2000).
6. Zichermann e Cunningham (2011) e Li, Grossman e Fitzmaurice (2012).

Enquanto meios de contar histórias, identifica-se que tanto o ato de seguir uma história como o de jogar garantem ao indivíduo uma experiência narrativa. Essa experiência narrativa leva a uma experiência cognitiva que se traduz em um produto emocional e sensorial, uma vez que o indivíduo se envolve em uma vida estruturada e articulada, fora do mundo comum. Entretanto, em uma narrativa tradicional, como na literatura, no cinema ou nas histórias em quadrinhos, o indivíduo participa como espectador da vida de um personagem, mas sem a possibilidade de interferir no curso da trama. Por outro lado, no caso de uma narrativa em jogo, o indivíduo vive a história como um dos protagonistas e pode assim interferir no seu fluxo[7]. Esta segunda característica é percebida quando um sujeito vivencia uma narrativa com potencialidades advindas do universo hipermídia[8]. As possibilidades encontradas nesse ambiente contribuem para a construção de tramas mais participativas, uma vez que o espectador pode agir ativamente e efetivamente no curso da história[9]. Identifica-se, também, que as características advindas dos jogos favorecem esta forma de agir pelo indivíduo. No caso da narrativa hipermídia, identifica-se que o

7. Collantes (2013).

8. Murray (2003).

9. Brockmeier e Harré (2003).

espectador pode viver a história assim como nos jogos. Uma das principais características desses meios é que ambientes narrativos, independente da forma, exploram histórias de experiências, e essas experiências são fundamentais para constituir a memória, a comunicação e o próprio conhecimento dos sujeitos[10].

Os jogos são capazes de promover contextos lúdicos e ficcionais na forma de narrativas que favorece o processo de geração e relação com o conhecimento[11]. Nos aspectos narrativos os jogos permitem que o indivíduo vivencie um fragmento de espaço e tempo característicos da vida real em um contexto ficcional e controlado. Uma narrativa de jogo se desenvolve através de uma sequencialidade articulada de ações que determinam o tempo e culminam em transposições sucessivas de situações e estados[12]. Essa mesma característica de divisão sequencial é percebida na forma mais básica de narrativa linear, com a divisão clássica em três atos das obras cinematográficas – apresentação, confrontação e resolução[13], ou a sequencialidade de quadros das

10. Gordon (2006).
11. Domínguez et al. (2013).
12. Collantes (2013).
13. Field (2009).

histórias em quadrinhos[14]. O que se faz notar, todavia, é que a base para a construção de histórias em mídias sequências ou literárias e de histórias em jogos parte de uma gênese comum, que se traduz na própria construção de uma narrativa. Ou seja, o ato de contar histórias.

Agentes presentes em jogos, como personagem, competição e regras podem ter efeito direto na motivação da aprendizagem[15]. Identifica-se que qualquer história deve abranger um personagem realizando ações em algum lugar, e que estas ações devem respeitar as regras do ambiente narrativo[16]. Por outro lado, quando o indivíduo está imerso em uma obra narrativa está disposto a obedecer às regras daquele novo universo, e isso envolve tanto aspectos das formas de navegação como da própria competição[17]. Estes são elementos que possibilitam maior vivência do sujeito no universo ficcional.

É inegável que a cultura de jogos vem crescendo e envolvendo um número grande de indivíduos no mundo. Antes exclusivo às áreas recreativas, essa tendência tem feito com que aspectos relacionados ao ato de jogar sejam utilizados como estratégias motivacionais em outros setores,

14. McCloud (2006), Eisner (2008) e Busarello (2011).

15. Schmitz, Klemke e Specht (2012).

16. Field (2009).

17. Murray (2003).

como: forças armadas, comércio, indústria, educação e meio corporativo. Ambientes gamificados podem contribuir para a criação de contextos motivacionais com base em desafios emocionantes, recompensas pelas dedicação e eficiência e oferecer um espaço para que líderes apareçam espontaneamente. Como exemplo do impacto dessa tendência na nas práticas atuais, o *NMC Horizon Report: 2014 Higher Education Edition*[18] aponta os jogos e a *gamification* como importantes Estratégias Digitais dentro das Tecnologias Educacionais para os próximos anos. O relatório faz parte do Projeto NMC Horiozon que tem foco na pesquisa sobre a educação mundial e com o objetivo de identificar e descrever tecnologias emergentes que tenham o potencial de impactar a forma de aprendizagem e pesquisas criativas no ensino superior para os próximos anos. O relatório tem suporte em um experiente painel internacional de especialistas que consideram aspectos amplos e detalhados de tendências, desafios e tecnologias emergentes. Um dos critérios fundamentais é a inclusão de temas com potencial e relevâncias na aprendizagem e pesquisa do ensino superior.

18. Johnson, Adams Becker, Estrada e Freeman (2014).

mas afinal, o que é *gamification*?

Em uma abordagem inicial *gamification* se apresenta como uma sistemática[19]:

- para a resolução de problemas;
- para o aumento da motivação;
- para o engajamento de determinados públicos.

Gamification abrange a utilização de mecanismos e sistemáticas de jogos para a resolução de problemas e para a motivação e o engajamento de um determinado público[20]. Sob um ponto de vista emocional, *gamification* é compreendida como um processo de melhoria de serviços, objetos ou ambientes com base em experiências de elementos de jogos e comportamento dos indivíduos[21].

19. Zichermann e Cunningham (2011) e Vianna et al. (2013).
20. Vianna et al. (2013).
21. Hamari, Koivisto, Sarsa (2014).

Os mecanismos encontrados em jogos funcionam como um motor motivacional ao indivíduo, contribuindo para o engajamento do sujeito nos mais variados aspectos e ambientes[22]. Em um jogo o nível de engajamento do indivíduo é influenciado pelo grau de dedicação deste às tarefas designadas, e estas, são traduzidas nas soluções das metas, influenciando no processo de imersão do sujeito em um ambiente lúdico e divertido[23]. Nesse contexto, o nível de engajamento do sujeito é preponderante para o sucesso em *gamification*[24].

O engajamento é definido pelo período de tempo em que o indivíduo tem grande quantidade de conexões com outra pessoa ou ambiente[25]. O nível de engajamento do sujeito é influenciado pelo grau de dedicação do mesmo às tarefas designadas[26]. Essa dedicação, por sua vez, é traduzida nas soluções do sistema, influenciando o processo de imersão do indivíduo em um ambiente lúdico e divertido.

Gamification tem como princípio despertar emoções positivas e explorar aptidões, atreladas a recompensas

22. Zichermann e Cunningham (2011).
23. Vianna et al. (2013).
24. Muntean (2011).
25. Zichermann e Cunningham (2011).
26. Vianna et al. (2013).

virtuais ou físicas durante a execução de determinada tarefa, por isso é aplicada em situações e circunstâncias que exijam a criação ou a adaptação da experiência do usuário a um produto, serviço ou processo[27]. Nesse aspecto, *gamification* pode ser aplicada à atividades em que é preciso estimular o comportamento do indivíduo e em circunstâncias que exijam a criação ou a adaptação da experiência do usuário a um produto, serviço ou processo.

Sua utilização contribue para a criação de um ambiente ímpar, com a eficácia na retenção da atenção do indivíduo[28]. Um exemplo é que no processo de aprendizagem a *gamificarion* contribui tanto para a motivação como para o desenvolvimento cognitivo do estudante[29].

Com base nas mecânicas de jogos, o conceito de motivação tem base na articulação das experiências vividas pelos indivíduos com a proposição de novas perspectivas *"internas e externas de ressignificação desses processos, a partir do estímulo à criatividade, ao pensamento autônomo e propiciando bem-estar ao jogador"*[30].

27. Vianna et al. (2013).
28. Campigoto, McEwen e Demmans (2013).
29. Schmitz, Klemke e Specht (2012).
30. Vianna et al. (2013, p. 30).

gamification

blocos de regras

olhar e sentir a experiência

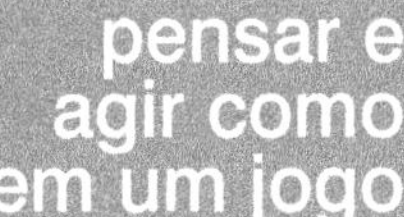

X

contexto fora de um jogo

resolução de problemas

motivar ações

cognição, tempo e energia

engajamento

desafios abstratos, regras, interatividade, feedback e reações emocionais

aprendizagem e motivação

Visão do conceito de *gamificação*.

Nesse aspecto, compreende-se que ambientes que interagem com as emoções e desejos dos usuários são eficazes para o engajamento do indivíduo, salientando que através dos mecanismos de *gamification* é possível alinhar os interesses dos criadores dos artefatos e objetos com as motivações dos usuários[31]. Neste aspecto, os elementos que contribuem para a motivação do indivíduo são identificados como **intrísecos** e **extrínsecos**. Entende-se que o desafio na criação de ambientes e artefatos que exploram a *gamification* é saber como estimular efetivamente as duas formas de motivação, tanto no seu relacionamento como separadamente. Para a *gamification* a combinação efetiva das motivações intrínseca e extrínseca aumentam o nível de motivação e engajamento do sujeito.

Com bases nas pesquisas e foco prático dos elementos relacionados ao termo de *gamification*, coloco conceitualmente que:

31. Zichermann e Cunningham (2011).

Gamification *é um sistema utilizado para a resolução de problemas através da elevação e manutenção dos níveis de engajamento por meio de estímulos à motivação intrínseca do indivíduo. Utiliza cenários lúdicos para simulação e exploração de fenômenos com objetivos extrínsecos, apoiados em elementos utilizados e criados em jogos.*

Onde:

Sistema diz respeito a um conjunto articulado de elementos. Ou seja, as várias possíveis disposições e sistematizações de elementos que constituem as partes do conceito de *gamification*, como: práticas, ferramentas, regras e assim por diante.

Resolução de problemas são métodos para, de forma sistematizada, encontrar a solução para uma questão, ou questões, específica. Esta questão, ou problema, por outro lado, se caracteriza por qualquer manifestação que na sua prática necessite de um trabalho cognitivo para orientação de ações. Por exemplo: melhor efetivação e aproveitamento de um treinamento, motivação de uma atividade enfadonha, auxílio na retenção de um conhecimento complexo, e assim por diante.

Estímulos são os agentes que, a partir de uma ação, irão desencadear uma reação e com isso impactar todo o sistema. Um exemplo de estímulo seria um conjunto de variáveis, que ao identificarem um determinado padrão de um usuário forneceriam estímulos adequados àquelas ações.

Motivação intrínseca, basicamente é aquele desejo próprio, exclusivo e interno ao indivíduo, sem que, de forma genérica, tenha algum influência externa. Dentro dos conceitos estudados o foco da *gamification* apenas nas motivações intrínsecas pode cuasar certa divergêcia. Muitos autores colocam que a *gamification* também abrange as motivações extrínsecas do indivídios, como por exemplo a competição por prêmios ou promoções. Isso é verdadeiro e com certeza aplicado e eficiente. Entretanto, o foco exclusivo nas motivações extrínsecas podem, em determinados contextos e indivíduos, causar o efeito contrário. Ou seja, este tipo de motivação, apesar de parecer ter resultados mais rápidos e efetivos, podem minar o sistema motivacional do indivíduo. Entendo que durante a motivação intrínseca o engajamento do sujeito é mais duradoura e significativa para o próprio indivíduo. Nada impede também que se utilize de motivações extrínsecas para se construir a motivação intrinseca. Esta parece ser uma estratégia interessante, mas que exige muitos cuidados. Dentro disso, por mais complexo que seja, entendo que o objetivo efetivo da *gamification* é, de forma plema, estimular os nívies de motivação intrinsecas do indivíduo, podendo para isso se utilizar de motivação extríseca.

Cenários lúdicos corresponde ao lugar onde acontece a ação, ou seja, onde o indivíduo interage com o ambiente ou objeto gamificado. O cenário não pode ser excluído da experiêcia, ou seja, o ambiente onde ocorre o fenômeno interfere na ação do sujeito. Por isso deve ser visto com cautela em estratégias de *gamification*. O aspecto lúdico do cenário diz respeito a utilização da ficção em ações gamificadas. Para que o processo de atuação do indivíduo seja pleno o ideal é que este seja transportado para outro ambiente protegido, onde, possa atuar sem que haja ônus reais a sua atuação. Isso possibilita a experimentação sem medo, e com isso maior interação e relação com o objeto gamificado. Esse aspecto lúdico pode ser simulativo, como por exemplo, em uma dinâmica corporativa, mesmo em um ambiente controlado, como em um auditório.

Fenômenos no contexto explorado aqui dizem respeito a tudo aquilo que pode ser descrito e estudado cientificamente. De forma geral um fenômeno é tudo aquilo que está ao alcance humano, podendo ser: objetos, ideias, sentimentos, relações, conhecimento e assim por diante.

Objetivos extrínsecos são aqueles externos à prática de *gamification*. A *gamification* utilizada para a resolução de um problema, se vale de uma série de mecanismos para que, em um ambiente controlado, os indivíduos possam encontrar as soluções deste problema. Tomamos como exemplo a aprendizagem de um conceito abstrato, como o conceito de fração. Ao se utilizar uma narrativa como *"João tem uma* *maçã, e a divide entre Maria, Pedro e Lúcia"* se está contextualizando este conhecimento através de uma narrativa lúdica e provalemente a aplicação deste conhecimento se dará, neste contexto, dentro deste cenário criado. Entretanto, o real objetivo desta aplicação não é resolver a divisão de uma maçã entre os quatro personagens, mas sim que o aluno experiencie a aplicação deste conceito e através de outros mecanismos que possam fazer a relação e a aplicação em outras situações que exijam este conhecimento. Neste ponto, o objetivo está fora do exemplo, ou seja, é o conhecimento de fração em si, e não exatamente qual a fração da maçã será dada para cada personagem. Assim, a *gamification* se utiliza de um cenário lúdico e controlado para a resolução de um problema que está fora deste ambiente, ou seja, um objetivo extrínseco ao próprio ambiente ou objeto gamificado, mas contemplado por este.

Elementos são coisas que formam um todo, ou seja, partes de algo maior.

2

gamification: uma nova perspectiva

O desenvolvimento de novos produtos e sistemas deve levar em consideração, além dos fatores tecnológicos, a tendência de que a sociedade contemporânea está cada vez mais interessada por jogos. Nessa realidade o envolvimento de qualquer público deve estar baseado em estruturas de recompensa, reforço e *feedbacks*, suportadas por mecânicas e sistemáticas que potencializam o envolvimento do indivíduo[1]. O ato de jogar, além de proporcionar prazer, é um meio de o sujeito desenvolver habilidades cognitivas, estimulando a atenção e a memória[2].

Os jogos são capazes de promover contextos lúdicos e ficcionais na forma de narrativas, imagens e sons, favorecendo o processo de geração e relação com o conhecimento[3]. Nos aspectos narrativos os jogos permitem que o indivíduo possa vivenciar experiências em um contexto ficcional e controlado. Isso pode ser explicado a partir de jogos comuns no dia a dia, como, por exemplo: o futebol, os jogos de cartas, as brincadeiras de esconde-esconde, etc.[4]. Em todos esses exemplos há regras e objetivos definidos sobre os quais os jogadores irão basear suas ações. Dessa

1. Zichermann e Cunningham (2011).
2. Furió et al. (2013).
3. Domínguez et al. (2013).
4. Collantes (2013).

forma, no processo do jogo o desenvolvimento dos acontecimentos pode ser mensurado e os resultados definidos – perder, ganhar, empatar, superar, etc..

O cérebro humano precisa das experiências[5] oferecidas pelos jogos, como resolver enigmas e receber resposta, pois são estímulos que ativam o sistema de dopamina no cérebro, associado à atividade ao prazer. Além disso, em um jogo o indivíduo tem a oportunidade de vencer desafios e perder, mas não de forma permanente. Ou seja, o jogador sempre terá a oportunidade de refazer a tarefa, buscando seu êxito. Isso serve como motivador para uma busca constante de melhorias e maneiras novas para se encontrar soluções.

Gamification se apropria de elementos dos jogos para aplicação em contextos, produtos e serviços necessariamente não focados em jogos, mas com a intenção de promover a motivação e estimular o comportamento do indivíduo[6].

Esses elementos[7] são utilizados tradicionalmente nos jogos ou em atividades divertidas com o intuito de promover o engajamento e o aprendizado, culminando em comportamentos positivos a estas práticas.

5. Clementi (2014).

6. Deterding (2012).

7. Kapp (2012).

Gamification parte do princípio de se pensar e agir como em um jogo, entretanto em um contexto fora do jogo. É formada por quatro princípios[8] que têm base nos jogos, nas mecânicas, nas estéticas e no pensamento como em jogos. Porém, com o foco no engajamento de pessoas, na motivação de ações, na promoção do aprendizado e na solução de problemas.

Os quatro princípios são:

o embasamento em jogos consiste na criação de um ambiente ou sistema em que as pessoas queiram investir sua cognição, tempo e energia. Basicamente busca o favorecimento do engajamento dos indivíduos em desafios abstratos, definidos por regras, que tenham interatividade e *feedbacks* que resultem em respostas quantificáveis, culminando as reações emocionais;

8. Kapp (2012).

2 as mecânicas são blocos de regras cruciais utilizadas no processo de *gamification*. As mecânicas por si não são suficientes para transformar uma experiência dada em uma experiência engajada, mas contribuem para isso;

3 a estética corresponde ao olhar e ao sentir da experiência, os quais são elementos essenciais no processo de *gamification*. Compreende a maneira como a experiência é esteticamente percebida pelo indivíduo;

4 o pensamento como em um jogo é o atributo mais importante no processo de *gamification*. Corresponde à ideia e ao pensamento de converter uma tarefa enfadonha ou monótona em uma atividade motivadora, aplicando elementos como: competição, exploração, cooperação e narrativa. Torna-se um gerenciar de fatos virtuais que promovem *insights* em operações no mundo real.

Os conceitos de jogos e *gamification* são distintos.

Gamification não se limita apenas à utilização das mecânicas de jogos[9], mas contempla a utilização destas para a resolução de problemas e para a motivação e o engajamento de um público determinado[10]. Isso não significa necessariamente a participação em um jogo, mas a utilização dos elementos mais eficientes, presentes nas mecânicas, dinâmicas e estética, para reproduzir os mesmos benefícios que o ato de jogar proporciona.

É necessário ressaltar a diferença entre os jogos sérios e a *gamification*[11]. O primeiro consiste em uma experiência desenvolvida através de mecânicas dos jogos e da forma de se pensar como em jogos, com finalidade de educar indivíduos sobre conteúdo específico. Neste caso as atividades concentram-se na utilização de pontos, recompensas e distintivos. Por outro lado, na *gamification*, o pensar como

9. Seaborn e Fels (2014).
10. Vianna et al. (2013).
11. Kapp (2012).

em jogo é aplicado de forma cuidadosa, com a intenção de se resolver problemas e encorajar a aprendizagem, usando para isso, todos os elementos de jogos que forem apropriados à prática determinada. *Gamification* busca estimular os objetivos intrínsecos do indivíduo, utilizando as bases aplicadas nos jogos em contextos fora do jogo. *Gamification* utiliza, além dos elementos de jogo, técnicas de *game-design*, com o intuito de envolver indivíduos e resolver problemas em contextos de não jogo[12].

Outro enfoque mostra que *gamification*[13] corresponde ao ato de se vivenciar uma experiência, onde a interação gamificada acontece a partir do objeto, das ferramentas deste e do contexto ao qual pertence. *Gamification* "*é uma abordagem de desenvolvimento para elevar a motivação, o engajamento e a satisfação em um contexto de não jogo, mediado por computador*"[14]. Diferente do jogo o propósito da *gamification* não é apenas de entretenimento.

O engajamento e motivação são objetivos explícitos da *gamification*, entendendo o primeiro impressindível para reter a atenção do indivíduo e envolvê-lo no processo criado[15].

12. De-Marcos et al. (2014).

13. Seaborn e Fels (2014).

14. Seaborn e Fels (2014, p. 29, tradução nossa).

15.Kapp (2012).

jogos sérios X *gamification*

jogos sérios	*gamification*
Experiência desenvolvida através de mecânicas dos jogos e da forma de se pensar como em jogos, com finalidade de educar indivíduos sobre conteúdo específico. Concentram-se na utilização de pontos, recompensas e distintivos.	O pensar como em jogo é aplicado com a intensão de se resolver problemas e encorajar a aprendizagem. Concentra-se na utilização de todos os elementos de jogos que forem apropriados a prática determinada. Busca estimular os objetivos intrínsecos do indivíduo, utilizando as bases aplicadas nos jogos em contextos fora do jogo.

Diferenciação entre Jogos Sérios e *Gamification*.

Motivar o indivíduo consiste em energizar, fornecendo direções, propósitos ou sentido aos comportamentos e às ações. Dirigir a participação em uma ação ou atividade é o elemento chave no processo de *gamification*.

As pessoas são motivadas a jogar por quatro razões específicas[16]:

1. para obterem o domínio de um dado assunto;
2. para aliviarem o *stress*;
3. como forma de entretenimento;
4. como meio de socialização.

Esses aspectos ainda podem ser combinados, analisados de forma conjunta ou separadamente. Além disso, salienta-se quatro diferentes aspectos de diversão durante o ato de jogar:

1. quando o jogador está competindo e busca a vitória;
2. quando está imerso na exploração de um universo;
3. quando a forma como o jogador se sente é alterada pelo jogo;
4. quando o jogador se envolve com outros jogadores.

16. Zichermann e Cunningham (2011).

Esses aspectos podem ser explorados em contextos gamificados, entretanto a simples aplicação de alguns elementos dos jogos não transforma uma atividade enfadonha em algo gamificado[17].

Há um equívoco na utilização pura e simples de algumas mecânicas de jogos – como pontos, *scores*, recompensas e emblemas – para gamificar um ambiente ou sistema[18].

Isso não é gamificar.

***Gamification* abrange toda a experiência do indivíduo.**

Neste contexto, a utlização de estratégias *gamification* possui um grande potencial para tornar o processo de aprendizagem mais atratente e motivador[19]. Isso em virtude da *gamification*, ao utilizar os elementos dos jogos, ter a

17. Kapp (2012).
18. Kapp (2012).
19. Simões, Redondo e Vilas (2013).

capacidade de tornar o processo de relação com o conhecimento mais divertido e agradável ao sujeito, aumentando, desta forma, seu nível de compromisso e engajamento.

Heurísticas[20] para a construção de interface de jogos, abrangem a aplicação de dois conceitos: Brinquedos (*Toys*) e Ferramentas (*Tools*). Os primeiros são sistemas utilizados para o próprio bem, sem um objetivo externo, enquanto os segundos são utilizados como meios para um objetivo externo.

As duas formas de sistemas utilizam a fantasia e a curiosidade da mesma maneira, entretanto os desafios são abordados de formas diferentes:

Enquanto o **Brinquedo** deve possibilitar que o usuário construa suas próprias metas, a **Ferramenta** tem como objetivo atingir uma meta externa, como, por exemplo o engajamento com a ação social de uma marca ou a aprendizagem de um conceito específico.

A diferença entre os dois conceitos está relacionada nas incertezas dos resultados.

20. Malone (1982).

- O Brinquedo deve ser construído de forma que seja fácil de aprender, mas difícil de dominar, pois o objetivo é o próprio prazer no envolvimento com o sistema.

- De forma contrária, na Ferramenta tanto a aprendizagem quanto o domínio devem ser facilitados, uma vez que o objeto é externo ao artefato.

Os Brinquedos, como sistemas mais desafiadores para o indivíduo, têm um maior poder de engajamento e motivação, por isso a criação de Ferramentas deve prever o crescimento de níveis de habilidades para que não se torne desinteressante.

Estratégias de *gamification*, neste sentido, parecem ter como base o conceito de Ferramentas, uma vez que busca um objetivo externo, como a motivação ou o engajamento a algum produto ou processo. Entretanto, utiliza uma sistemática baseada em Brinquedos como estratégia de motivacional.

Compreendemos que a base para a definição do conceito de *gamification* abrange sistematicamente cinco tópicos distintos, mas que devem ser considerados de forma interdependentes, para o sucesso de um sistema gamificado.

- Sair da rotina
- Incentivar o comportamento
- Adaptação do conteúdo
- Aguaçar a curiosidade

aprendizagem

narrativa

- Viver a história
- Domínio da história e elementos interativos
- Histórias são engajadoras e mídias para movimentação

mecânicas de jogos

Mecânica: orienta as ações

Dinâmica: interação com mecânicas

Estética: emoções na interação

motivação e engajamento

intrínseca • extrínseca

Dasafio, Fantasia, Curiosidade { Interesse, Satisfação, Envolvimento, Confiança

pensar como em jogos

Meta, Regras, Feedback, Participação { Fantasia, Regras e metas, Estímulos sensoriais, Desafios, Mistérios, Controle

Cinco variáveis que definem o conceito de *Gamification*.

3

gamification e a relação com o conhecimento

O processo de geração de conhecimento pode ser motivador quando a atividade se torna divertida, assim como em um jogo[1]. Muitos dos elementos de *gamification* são baseados em psicologias educacionais[2] utilizadas por anos dentre os profissionais de aprendizagem. Entretanto, *gamification* abrange outro nível de interesse e uma nova maneira de agrupar estes elementos em um ambiente promotor de engajamento e de motivação para os indivíduos.

> O conceito de motivação tem como base a articulação das experiências vividas pelos indivíduos com a proposição de novas perspectivas "internas e externas de ressignificação desses processos, a partir do estímulo à criatividade, ao pensamento autônomo e propiciando bem-estar ao sujeito"[3].

1. Amory, Naicker, Vincent e Adams (1999).
2. Kapp (2012).
3. Vianna et al. (2013, p. 30).

Em um contexto de aprendizagem é possível utilizar a *gamification* de várias de formas, uma delas é incluindo o uso de narrativas para alterar o contexto de uma atividade rotineira e, com isso, incentivar o comportamento dos sujeitos[4]. Isso favorece que indivíduos possam apreender e realizar tarefas, antes tediosas, de uma forma nova e motivadora. O uso de estratégias de *gamification*, por exemplo, tem um grande potencial em processos educacionais[5] onde encontram-se, com frequência, alunos desmotivados nas atividades de aprendizagem.

O que se percebe é que no dia a dia os indivíduos não são confrontados com atividades motivadoras. A *gamification*, neste sentido, pode induzir a motivação nessas rotinas[6].

Uma das bases de *gamification* é a utilização de elementos de jogos em contextos que não sejam os de jogos[7] uma vez que esses contribuem nas práticas de aprendizagem, combinando elementos divertidos com *design* instrucional, além de sistemas motivacionais e de interatividade.

4. Hanus e Fox (2015).
5. De-Marcos (2014).
6. Simões, Redondo e Vilas (2013).
7. Amory, Naicker, Vincent e Adams (1999).

Considerando as novas gerações, a gamificação pode ser entendida como uma teoria pedagógica contemporânea[8], mais eficiente do que teorias anteriores. Entretanto, aponta ressalvas conceituais quanto a isso, uma vez que a *gamification* também pode ser vista como uma ferramenta mercadológica, ou método inovador de *design* para se elevar os níveis de engajamento tanto no processo de compra como de aprendizagem.

Como teoria de aprendizagem *gamification*:

1. utiliza um sistema de avaliação baseado no envolvimento em comunidade[9];

2. suporta uma série de diferentes caminhos de aprendizagem. Como o foco está nas pequenas conquistas para se chegar a um objetivo maior, este fator pode ser multiplicado em variados caminhos, e estes podem ter como fundamento as habilidades, as atitudes e outras características dos alunos. O importante é não perder o foco no objetivo principal. Se for considerado este tópico com as atividades em grupo, os caminhos podem ainda ficar mais variados;

8. Biró (2014).
9. Clementi (2014).

visualidade nos processos da aprendizagem. Ou seja, a clareza dos avanços dentro do processo de aprendizagem relacionados aos caminhos escolhidos pelo aluno dentro deste.

Gamification compreende as redes sociais como bases estratégicas para o processo de motivação e *feedback*, e não como pontos de interconexão como na abordagem conectivista[10]. Assim, por *gamification*, pode-se aumentar o nível de engajamento de cada indivíduo no processo de aprendizagem. De forma geral, na abordagem conectivista a rede social é um dos elementos-chave no processo de aprendizagem. Por outro lado, para *gamification* a rede é um elemento de apoio com o intuito de alcançar níveis elevados de motivação.

Ao se comparar *gamification* com a teoria construtivista, identifica-se que para a segunda o processo de aprendizagem é único para cada sujeito, uma vez que o conhecimento é construído ao passo deste processo[11]. Já, a *gamification*, compreende a aprendizagem a partir de dois tópicos distintos:

10. Biró (2014).
11. Biró (2014).

- o primeiro utiliza a perspectiva de cada pessoa para se compreender os avanços, e assim, propor o melhor caminho de aquisição de conhecimento com base nas necessidades e qualidades do indivíduo;
- o segundo considera que os *feedbacks* e desempenho das ações dos sujeitos tem como base a comunidade, exigindo um único sistema com soluções gerais, simples e esquemáticos para atender a diversidade de indivíduos do grupo. Ainda, este segundo tópico é o maior responsável por aumentar o nível motivacional e de engajamento durante o processo de geração de conhecimento.

Resumidamente, compreende-se que *gamification* ao estabelecer diferentes caminhos para o acesso ao conhecimento é capaz de adaptar o conteúdo de domínios específicos para diferentes perfis de indivíduos, apresentando distintos métodos para que o sujeito possa aprender.

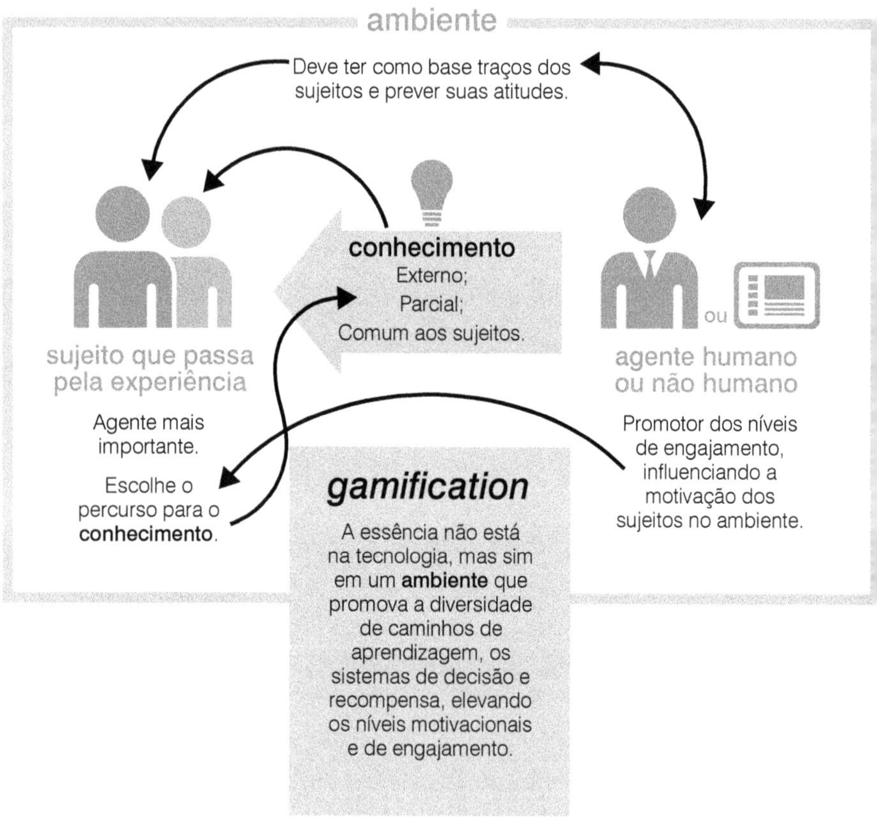

ambiente

Deve ter como base traços dos sujeitos e prever suas atitudes.

conhecimento
Externo;
Parcial;
Comum aos sujeitos.

sujeito que passa pela experiência

Agente mais importante.

Escolhe o percurso para o **conhecimento**.

ou

agente humano ou não humano

Promotor dos níveis de engajamento, influenciando a motivação dos sujeitos no ambiente.

gamification

A essência não está na tecnologia, mas sim em um **ambiente** que promova a diversidade de caminhos de aprendizagem, os sistemas de decisão e recompensa, elevando os níveis motivacionais e de engajamento.

Gamification no processo de aprendizagem.

Do ponto de vista da *gamification* o conhecimento é externo e, de forma parcial, comum aos sujeitos. O indivíduo, por sua vez, é o agente mais importante no processo de aprendizagem, uma vez que a escolha do percurso para o conhecimento parte dele próprio. Para isso o ambiente interativo deve ter como base traços dos sujeitos e prever suas atitudes. O gestor do conhecimento é o agente promotor dos níveis de engajamento no processo, influenciando a motivação do indivíduo no ambiente.

Vale pontuar que não se pode limitar a *gamification* para aplicações baseadas em computador ou novas tecnologias, pois tem a capacidade de ser empregada nos mais variados contextos e ambientes a partir de mídias e de estímulos diversos.

A essência da *gamification* não está na tecnologia[12], mas sim em um **ambiente que promova a diversidade de caminhos de aprendizagem e os sistemas de decisão e recompensa por parte dos sujeitos**, sempre almejando elevar os níveis motivacionais e de engajamento dentro do processo. Entretanto, a *gamification* foi incorporada com sucesso em plataformas digitais de forma comercial[13]. Isso

12. Kapp (2012).

13. Domínguez et al. (2013).

faz com que sua utilização no meio *online* seja replicada na área educacional.

> O engajamento no contexto de aprendizagem diz respeito ao processo por onde os sujeitos imergem em uma atividade, interagem e se relacionem com os outros, envolvendo-se propositalmente com os recursos e ferramentas disponíveis[14]. Com isso, considera-se que o engajamento é a forma de negociação das identidades dos sujeitos em uma comunidade, dependendo da forma como as práticas individuais estão alinhadas e em sintonia com os padrões e com as características impostas pela própria comunidade.

14. Filsecker e Hickey (2014).

4

gamification e aprendizagem: estímulo à motivação e ao engajamento

Gamificar o processo de aprendizagem é uma tarefa desafiadora, mas possível. O desenvolvimento apropriado de um jogo, por exemplo, pode auxiliar os alunos a adquirirem habilidades e conhecimento em períodos curtos de tempo, efetivando a taxa de retenção de conteúdo. Neste sentido, é uma abordagem séria para acelerar a curva de experiência da pessoa, favorecendo o aprendizado de conteúdos e sistemas complexos[1]. Identifica-se que *gamification* está baseada em teorias psicológicas que utilizam modelos motivacionais[2]. Neste sentido, é necessário reconhecer que a motivação no ato de jogar abrange as **áreas cognitiva, emocional e social** do indivíduo[3].

Como os limites entre estas áreas não são definidas, geralmente as mecânicas e as dinâmicas utilizadas no processo de *gamification* abrangem todas ao mesmo tempo, como, por exemplo:

- dentro de um jogo, muito do que é conquistado pelo jogador são chaves para inícios de novos ciclos com maior dificuldade e complexidade, o que impacta o indivíduo de forma emocional e cognitiva;

1. Kapp (2012).
2. De-Marcos et al. (2014).
3. Domínguez et al. (2013).

- quando uma tarefa exige a cooperação entre os jogadores para a sua resolução e é afetada na área social, mas sempre relacionada à área cognitiva ou emocional, especialmente, quando a recompesa diz respeito ao *status* social do jogador.

área cognitiva

O ato de jogar envolve a área cognitiva do indivíduo ao passo que sua sistemática estabelece um conjunto complexo de regras orientadas a partir de tarefas e etapas menores. Essas etapas são desenvolvidas como ciclos de especialização compostos por tarefas curtas e rápidas em que o indivíduo repetidamente busca tentativas de sua conclusão. Esse processo com base em tentativa e erro eleva o nível de habilidade necessária para que indivíduo possa resolver aquele determinado ciclo. Isso se justifica com a teoria apresentada por Csikszentmihalyi (2008)[4] onde o estado de fluxo do indivíduo influencia na sua motivação,

4. De forma geral e simplificada, Csikszentmihalyi (2008) define que o estado de Fluxo é alcançado quando o sujeito faz aquilo que mais gosta. Se caracteriza por um estado de harmonia entre corpo e mente, onde se identifica alta motivação, concentração, desempenho, envolvimento, imersão e energia empenhada na tarefa.

e se dá no ponto de equilíbrio da relação entre habilidades necessárias e aprendidas para os níveis de desafios encontrados e confrontados no sistema.

Para a permanência do envolvimento do indivíduo neste processo é preciso que o sistema forneça informações necessárias ao sujeito, para que este desenvolva o conhecimento adequado, e tenha habilidade para interagir ao longo da experiência sistematizada. No caso da criação e construção de um sistema gamificado para a aprendizagem e geração de conhecimento, deve-se possibilitar que o indivíduo tenha liberdade na escolha de quais tarefas realizar, e quando, com base nas suas habilidades e preferências, resultando na estruturação não linear de sequências articulada de atividades.

A área cognitiva denota a autonomia do indivíduo[5], uma vez que as habilidades e preferências do sujeito são determinantes para escolhas das tarefas.

5. Clementi (2014).

área emocional

Em um ambiente que estimula o pensar como em jogos há um complexo sistema de regras que os indivíduos devem dominar e essa experiência depende da autonomia desse sujeito.

> A área emocional, dessa forma, denota a competência do indivíduo e se concentra principalmente sobre os conceitos de sucesso e fracasso[6].

Um exemplo disto pode ser observado quando uma tarefa é completada de forma esperada pelo indivíduo, resultando em uma emoção positiva pelo simples fato daquele indivíduo ter conseguido superar determinada dificuldade.

A sistemática de jogos parte do princípio de que, para o aumento dos sentimentos positivos do indivíduo, o sucesso na realização das tarefas deve ser reconhecido de

6. Domínguez et al (2013).

forma imediata pelos jogadores. De forma contrária, a realização de tarefas pode contribuir para o aumento da ansiedade. Até certo ponto, é interessante que esta ansiedade seja explorada, entretanto, em muitos casos, isso pode se transformar em frustração e, consequentemente, na desistência do sistema. Para que isso não ocorra todas as tarefas devem ser projetadas de tal forma que dialoguem com as habilidades dos sujeitos/jogadores em qualquer nível.

Outro exemplo seria impor baixas penalidades de uma falha que estimule a experimentação e a repetição da tarefa.

área social

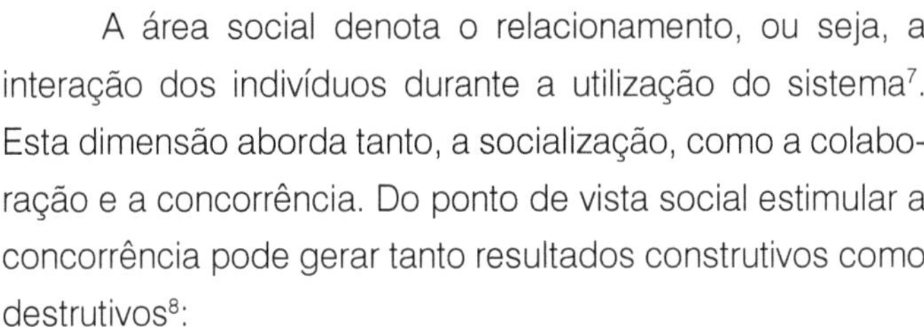

A área social denota o relacionamento, ou seja, a interação dos indivíduos durante a utilização do sistema[7]. Esta dimensão aborda tanto, a socialização, como a colaboração e a concorrência. Do ponto de vista social estimular a concorrência pode gerar tanto resultados construtivos como destrutivos[8]:

7. Clementi (2014).

8. Hanus e Fox (2015).

A concorrência é construtiva quando as competições são experiências divertidas e estruturadas de forma a elevar as relações interpessoais positivas dos participantes. De forma contrária, a concorrência torna-se destrutiva quando o resultado da competição é prejudicial para ao menos um dos integrantes.

Exemplos de concorrências que prejudicam a motivação intrínseca[9] podem ser as dinâmicas com crianças que são incentivadas a "agredir" os outros competidores e quando os indivíduos são obrigados a se posicionarem como ligados pessoalmente a competidores rivais. Não fica evidente, ainda, se a utilização de placares geram sentimentos positivos ou negativos, uma vez que esta estra-

9. Hanus e Fox (2015).

tégia destaca sempre um único vencedor, e perdedores. Entretanto, do ponto de vista social, a facilidade com que os placares comparam os jogadores tendem a estimular a concorrência negativa, principalmente quando aplicadas no processo de geração de conhecimento.

área **cognitiva**	área **emocional**	área **social**
Denota a autonomia do indivíduo, uma vez que, com base nas habilidades e preferências, é determinante das escolhas das tarefas. Em um ambiente que estimule o pensar como em jogos, há um complexo sistema de regras que os indivíduos devem ter que dominar, e essa experiência depende da autonomia desse sujeito.	Denota a competência do indivíduo e se concentra principalmente sobre os conceitos de sucesso e fracasso. A sistemática de jogos parte do princípio para o aumento dos sentimentos positivos do indivíduo. O sucesso na realização das tarefas deve ser reconhecido de forma imediata pelos indivíduos.	Denota o relacionamento e interação dos indivíduos durante a utilização do sistema. Esta dimensão aborda tanto, a socialização, como a colaboração e a concorrência. Entretanto estimular a concorrência pode gerar tanto resultados construtivos ou destrutivos.

Resumo das áreas que abrangem a motivação do indivíduo.

No caso dos conceitos de *gamification* aplicados ao processo de aprendizagem, salienta-se que esses devem ser utilizados na concepção de ideias educacionais e em objetos de aprendizagem, buscando torná-los motivadores.

> Ambientes que interagem com as emoções e com os desejos dos usuários são eficazes para elevar os níveis de engajamento[10].

Através dos mecanismos da *gamification* é possível alinhar os interesses dos criadores de artefatos e de objetos com as motivações dos usuários.

Quanto aos elementos que contribuem para a motivação do indivíduo, destacam-se dois tipos[11]:
as intrísecas e as extrínsecas.

10. Zichermann e Cunningham (2011).

11. Zichermann e Cunningham (2011).

motivações **intrínsecas**

são originadas dentro do próprio sujeito e necessariamente não estão baseadas no mundo externo. O indivíduo se relaciona com as coisas por vontade própria, pois elas despertam interesse, desafio, envolvimento e prazer. Motivados desta maneira, os indivíduos procurarão por novidades e entretenimento, satisfazendo sua curiosidade, além de terem a oportunidade de executar novas habilidades e aprender sobre algo novo[12]. Esta motivação surge quando o indivíduo decide tomar ou não uma ação altruísta, ou cooperativa, ou no sentido de pertencimento, de amor ou de agressão[13]. Um projeto com base em *gamification* deve despertar a motivação intrínseca dos indivíduos, sendo a atividade gratificante em si e por si[14]. Nesse sentido, compreende-se que apesar de recompensas em sistemas gamificados serem formas de motivação fora do indivíduo, são utilizadas

12. Vianna et al. (2013).
13. Muntean (2011).
14. De-Marcos et al. (2014).

como mecanismos para envolver o sujeito, e tem a capacidade de promover a motivação intrínseca. Assim, a realização da própria atividade torna-se uma forma de recompensa. Em um contexto educacional, quando os alunos estão intrinsecamente motivados, os mesmo são engajados e acabam por reter o conteúdo de aprendizagem de forma efetiva[15].

motivações **extrínsecas**

são baseadas no mundo que envolve o indivíduo, se caracterizando como externas ao sujeito[16]. Essas motivações têm como ponto de partida o desejo do sujeito em obter uma recompensa externa[17], como, por exemplo, reconhecimento social e bens materiais. Essa motivação acontece quando alguém ou alguma coisa determina ao sujeito a ação que deve ser feita[18], como: pontos, prêmios, missões e classificações. Em um ambiente de aprendizagem as recompensas

15. Hanus e Fox (2015).
16. Zichermann e Cunningham (2011).
17. Vianna et al. (2013).
18. Muntean (2011).

externas não surtam, necessariamente, um efeito negativo sobre a motivação do aluno uma vez que essas consequências negativas podem ser oriundas da deficiência no *feedback* e na oportunidade de crescimento do aluno, do que o retorno externo propriamente dito[19].

motivação **intrínseca**	motivação **extrínseca**
Originadas no próprio sujeito. O indivíduo se envolve com as coisas por vontade própria pois elas despertam. Parte do interesse, desafio, envolvimento e prazer. Além da busca por novidades e entretenimento, satisfação de curiosidade, e oportunidade de executar novas habilidades e aprender sobre algo novo. Correspondem ações como o altruísmo, a cooperação, o sentimento de pertencer, de amor ou de agressão.	Baseadas no mundo que envolve o indivíduo e lhe são externas. Têm como ponto de partida o desejo do sujeito em obter uma recompensa externa, como, por exemplo, reconhecimento social e bens materiais. Acontece quando alguém ou alguma coisa determina ao sujeito a ação que deve ser feita. Como: pontos, prêmios, missões, classificações e assim por diante.

Resumo de tópicos sobre motivação intrínseca e extrínseca.

19. Filsecker e Hickey (2014).

Deve-se ter cautela ao utilizar motivações extrínsecas para se aumentar os níveis da motivação intrínseca[20].

> Determinadas recompensas extrínsecas podem destruir as motivações intrínsecas, afetando o aspecto motivacional do indivíduo[21].

Por exemplo, no caso de o indivíduo falhar em alguma ação determinada no ambiente é importante que as motivações intrínsecas sejam preservadas.

Os esforços ao se realizar competições e buscar recompensas tendem a diminuar a motivação intrínseca. Isso pode acontecer quando o indivíduo encontra-se motivado para realizar uma determinada tarefa e, neste processo, é dada determinada recompensa já esperada e tangível para essa pessoa[22]. O que acontece é que este indivíduo irá requerer mais recompensas em ações futura. De forma geral, oferecer recompensas esperadas para pessoas já

20. Hanus e Fox (2015).
21. Zichermann e Cunningham (2011).
22. Hanus e Fox (2015).

interessadas em um dado assunto ou contexto, pode fazê-las mudar da motivação de "já querer realizar" para a motivação de "vou fazer para conquistar a recompensa", ou seja, intrínseca para extrínseca. Isso culmina no fenômeno de quanto a recompensa existe há o interesse do indivíduo em realizar a tarefa; entretanto, quando não há a recompensa o indivíduo não percebe o motivo para realizar aquela tal tarefa. Por outro lado, oferecer recompensas para aqueles indivíduos desinteressados na realização de uma atividade, pode tornar a prática interessante, uma vez que isso pode servir como um mecanismo de distração da própria tarefa enfadonha.

> Apesar de recompensas extrínsecas parecerem menos efetivas do que as intrínsecas, salienta-se que as duas formas de motivação são preponderantes para determinar o comportamento do indivíduo[23].

23. Garris, Ahlers e Driskell (2002).

O complicador na criação de ambientes e artefatos que utilizam a gamificação é saber como estimular efetivamente as duas formas de motivação, tanto conjunta quanto separadamente[24].

> Para *gamification* a combinação eficaz das motivações intrínseca e extrínseca aumentam o nível de motivação e engajamento do sujeito.

A utilização da *gamification* deve ser vista com cautela. Por um lado, pode auxiliar na motivação do aluno que, por alguma razão, se encontra entediado na tarefa educacional. Por outro, pode prejudicar os níveis motivacionais daquele aluno que já se encontrava motivado para tal atividade.

Uma das formas de se balancear esses aspectos é através da utilização do Modelo ARCS[25] – atenção, relevância, confidência e satisfação – que pode ser aplicado para medir a motivação de um artefato ou sistema gamificado para a aprendizagem. Basicamente os quatro critérios do Modelo ARCS abordam:

24. Busarello et al. (2014).
25. Kapp (2012).

Atenção:

é o princípio para a conquista da atenção do aluno. Consiste em:

- **Percepção:** onde a excitação busca a atenção através de significados específicos, exemplos relacionados, uso de incongruências e conflito, ou elementos de surpresa;
- **Consulta:** considera que a excitação se origina do estímulo à curiosidade, através da apresentação de questões e de problemas em que os alunos estejam interessados em resolver, ou a partir da estipulação de regras para se executar a experiência;
- **Variabilidade:** são opções de elementos disponíveis se para manter a atenção.

Relevância:

é estabelecida a partir de quatro métodos:

- **Orientação de metas:** onde a partir da ilustração da importância do objetivo se descreve como determinado tópico irá auxiliar o aluno naquele momento e no futuro;
- **Combinação dos motivos da instrução com os alunos:** a partir daquilo que pode ser atingido, quais os riscos tomados, relações de poder e afiliação;
- **Familiaridade:** explicita como o conhecimento do domínio está relacionado com aquilo que o aluno também conhece;
- **Modelação dos resultados da aprendizagem para novo conhecimento.**

Confiança:

subtendida através da relação em que o sujeito alcança o sucesso nas suas expectativas. Os indivíduos tendem a motivar-se quando percebem que podem aprender com o material ou sistema. Deixando evidente a expectativa de aprendizagem no início de uma experiência que pode contribuir para a criação de confiança, por exemplo. Indivíduos que se sentem confiantes acreditam que estão controlando seu próprio caminho para o sucesso e, neste caso, a existência de *feedbacks* e de reforços auxiliam nesta sensação.

Satisfação:

para continuar se esforçando os indivíduos precisam sentir que o objeto da aprendizagem tem algum valor. Dessa forma, possibilitar a aplicação do conhecimento e das habilidades na atividade favorece a visualização do conteúdo da aprendizagem que vem sendo aplicado. Além disso, encorajar positivamente novos tópicos de aprendizagem e relação com o conhecimento, como estratégia, pode contribuir para o aumento da motivação intrínseca dos sujeitos.

Além disso, há três elementos-chave que tornam os sistemas baseados em jogos artefatos motivacionais. São estes: o **desafio**, a **fantasia** e a **curiosidade**.

desafio

é dependente de objetivos que apresentem resultados incertos. Ou seja, um ambiente não é desafiador caso o indivíduo tenha certeza de como deve, ou não, ser alcançado determinado objetivo. O desafio está associado à percepção do indivíduo, fator que influencia na forma como o sujeito percebe as partes do sistema. Dependendo dessa percepção o indivíduo pode entender um determinado atributo do sistema como motivador ou não;

fantasia

é traduzida como um ambiente que evoca imagens mentais de coisas não presentes à experiência real daquele indivíduo envolvido. Para o desenvolvimento de ambientes instrucionais deve-se considerar as Fantasias extrínsecas e as intrínsecas: as primeiras dizem respeito a se trabalhar com algo externo à fantasia. Como, por exemplo uma atividade onde o conteúdo para resolução dos desafios está fora do próprio desafio. As fantasias intrínsecas, por outro lado, são apresentadas como elementos dentro do mundo fantasioso, fazendo o indivíduo perceber isso como natural. Um exemplo é quando um jogador deve ter que negociar com índios para atravessar uma floresta. Neste caso, a negociação é interna à fantasia, pois está dentro do jogo. Além disso, proporciona vantagens cognitiva e emocional.

- As *Cognitivas* são fornecidas por metáforas e analogias de fantasias intrínsecas que auxiliam na aplicação do conhecimento do sujeito, fazendo-o conhecer coisas novas. Melhora a memória do conteúdo uma vez que desenvolve imagens vivas relacionadas com os tópicos aprendidos.
- As *Emocionais* satisfazem os usuários do sistema, o qual deve apelar para a emoção. A fantasia ainda possibilita a aplicação de metáforas, facilitando a relação entre o indivíduo e o sistema[26].

26. Malone (1982).

curiosidade

é estimulada quando se apresenta bons níveis de informações complexas em um ambiente excitante. Divide-se em componentes sensoriais e cognitivos: o primeiro envolve valores de atenção e atração para se alterar os estímulos sensoriais do ambiente; o segundo é evocado quando há a expectativa de altos níveis de estruturas cognitivas. A curiosidade é despertada quando os indivíduos acreditam que suas estruturas de conhecimento são incompletas ou inconsistentes para a ação em um sistema, culminando na sua motivação para aprenderem mais, ocasionando na melhora das suas estruturas cognitivas. Engajar a curiosidade deve levar em conta que os *feedbacks* sejam surpreendentes e construtivos.

As ações de um indivíduo dentro de um ambiente de jogo não são as mesmas fora desse ambiente[27]. Essa diferença é baseada no sentimento do indivíduo em relação ao seu entendimento das características do jogo, em que há um início e um fim bem definidos, onde as regras para atuação são conscientes, explícitas e os objetivos nítidos.

27. Collantes (2013).

Assim, o sujeito define suas ações com referência no objetivo final do próprio jogo. Em contrapartida, em situações fora do jogo esses mesmos elementos são difíceis de serem identificados, apesar de poderem existir.

Os jogos desencadeiam repetidos ciclos de julgamento do sujeito, comportamento do jogo e *feedback*[28]. Estes ciclos dizem respeito a um círculo de dependências com a intenção de:

1. buscar o comportamento desejável do indivíduo;
2. possibilitar que os sujeitos primeiramente experimentem reações emocionais e cognitivas desejáveis;
3. de que cada resultado da interação com o sistema e com os *feedbacks* sejam gerados pelo jogo.

Além disso, no primeiro contato com o ambiente, os indivíduos fazem julgamentos a respeito de ambientes e

28. Garris, Ahlers e Driskell (2002).

sistemas de jogos, buscando responder se este é divertido, interessante e envolvente. Estes julgamentos têm como base:

Interesse:
expressado, no contexto educacional, pela preferência na execução ou relação com alguma atividade específica;

Satisfação:
este sentimento é subjetivo, mas está associado com o sentido de realização de algo, que ocorre na relação entre habilidades individuais e desafios nas tarefas.

Envolvimento em tarefas:
definindo o nível de atenção ou profundidade em que os sujeitos se concentram e são captados por uma dada atividade. Isso tem relação com o grau de imersão experimentado pelo indivíduo no ambiente e pode ser determinado por fatores de controle, de sensação, de distração e de realismo. A melhora no processo de aprendizagem está relacionada ao aumento na qualidade do engajamento cognitivo do indivíduo.

Confiança: ambientes instrucionais baseados em jogos favorecem que o estudante possa executar as tarefas sem que os erros e os fracassos tenham consequências graves, como no mundo real. Ainda, estruturar níveis de dificuldade progressiva, permite ao sujeito se familiarizar com o ambiente e com as regras, desenvolvendo habilidades em tarefas complexas. Estes itens estimulam o aumento da confiança no ambiente, principalmente em tarefas complexas, estressantes e perigosas.

Os julgamentos iniciais no sistema são responsáveis por determinar a direção, a intensidade e a qualidade do comportamento do indivíduo. Quanto mais os sujeitos estiverem motivados – mais envolvidos e interessados estarão em realizar as tarefas. Indivíduos motivados apresentam como características o entusiasmo, o foco e o engajamento[29]. Além disso, são interessados naquilo que fazem e sentem prazer com isso, apesar da tarefa realizada não ser necessariamente fácil, a persistência é outra característica do sujeito motivado. Há modelos que abordam expectativas e valores, e modelos de atenção, relevância,

29. Garris, Ahlers e Driskell (2002).

confiança e satisfação[30]. Alguns modelos têm ênfase na motivação intrínseca com foco movido pela *performance* das participações individuais.

30. Garris, Ahlers e Driskell (2002).

5 elementos dos jogos em gamification

Os elementos dos jogos são muitas vezes abstratos e difíceis de serem especificados[1]. Entende-se que em qualquer contexto de jogo o indivíduo assume um personagem determinado e todas as suas ações são coerentes com o papel assumido. O sujeito deve aceitar as regras estabelecidas pelo jogo para atingir alguma meta por meio da superação de uma série de obstáculos. Essa relação em que o sujeito se transforma em outro adaptado às condições impostas no jogo também pode ser explorada em *gamification*.

De forma análoga, em atividades da vida cotidiana um sujeito pode exercer uma série de diferentes papéis e, especialmente, de forma simultânea. Entretanto, em muitos episódios do cotidiano, o indivíduo desenvolve atividades mecanizadas e rotineiras, em que não há superações relevantes ou provas específicas[2]. Quando os jogos simulam o cotidiano, parece haver uma ordem que entende que quanto maior o grau de semelhança entre os mundos ficcional do jogo e o real, mais são reduzidas as características gerais próprias dos próprios jogos. Nesse aspecto, os sistemas baseados em jogos devem ser constituídos por objetos claros, divididos em metas de curto prazo[3]. Isso

1. Seaborn e Fels (2014).
2. Collantes (2013).
3. De-Marcos et al. (2014).

sugere uma sensação de progressão contínua e com certa frequência de recompensas.

Ao se comparar a estrutura dos jogos com a das narrativas, estabelece-se que ao desenvolver os acontecimentos em uma história cria-se um mundo independente e da realidade do indivíduo[4]. Porém, muitas vezes esse novo universo criado pode se referir à vida real. Da mesma forma, nos jogos são vividas realidades independentes que seguem uma lógica própria e uma natureza diferente da realidade cotidiana. A existência tanto da narrativa do jogo como na história narrada são fundamentadas em regras próprias com caráter generativo, ou seja, tem a capacidade gerar outras novas regras.

Narrativas são essenciais para a *gamification*.

Utilizar histórias como um elemento em sistemas gamificados proporciona relevância e significância para as experiências vividas pelo sujeito, fornecendo contextos para

4. Collantes (2013).

a aplicação das tarefas[5]. A união de conceitos de jogos com conceitos das narrativas oferece material para a criação de histórias interativas que possibilitam o engajamento do indivíduo, levando-o a prosseguir na tarefa.

Os mecanismos encontrados em jogos funcionam como um motor motivacional no indivíduo, contribuindo no processo de engajamento nos mais variados aspectos e ambientes[6].

Há quatro características de mecânicas dos jogos que são essenciais para o desenvolvimento de um artefato com base em *gamification*[7]:

Meta

é o motivo pelo qual o indivíduo realiza a atividade. Resume-se no propósito designado para tal atividade, o qual o sujeito persegue constantemente. A meta sempre orienta para a atividade e não se limita a um fim específico, por isso, ultrapassa o conceito de conclusão de tarefas, apresentando como princípio o

5. Kapp (2012).
6. Zichermann e Cunningham (2011).
7. Vianna et al. (2013).

desejo do sujeito em atuar naquela atividade ou universo específico. Assim, difere-se do objetivo, cujo foco é limitado no fazer de dada atividade: início, meio e fim. A introdução de metas contribui para a visualização de propósito, de foco e de resultados mensuráveis. Por exemplo, para o sujeito, entender o quanto está distante do objeto – através de incentivos, *feedbacks* e indicações de progresso – favorece seu engajamento, dando liberdade e autonomia para a utilização de diferentes estratégias.

Regras

têm a função de determinar a forma como o indivíduo deve se comportar e agir para cumprir os desafios no ambiente[8]. As regras favorecem a liberação da criatividade e do pensamento estratégicos uma vez que buscam ajustar o nível de complexidade do sujeito às atividades que devem ser realizadas. São subdivididas em[9]:

8. Vianna et al. (2013).
9. Kapp (2012).

- **Operacionais:** aquelas regras que descrevem como agir no ambiente;
- **Fundamentação:** são regras sobre a funcionalidade do sistema. Essas regras dizem mais aos desenvolvedores tornando-se abstratas para aqueles que utilizam o sistema;
- **Comportamento:** regras que determinam como o usuário deve se comportar no universo;
- **Instrucionais:** são regras básicas que apontam o que é necessário aprender para interagir no sistema.

Sistema de Feedback

define as respostas do sistema ao indivíduo. São as ferramentas por onde o indivíduo se orienta sobre sua posição com relação aos elementos que regulam a interação dentro

do universo[10]. Este sistema é imporante para suportar a performance e a motivação do indivíduo[11]. Fornecer respostas imediatas do sistema ao indivíduo possibilita que falhas possam ser evitadas ou que o sujeito possa ser conduzido na recuperação de algum erro[12]. Além de corroborar para o maior aproveitamento do sistema, aumentado os níveis de engajamento.

Participação Voluntária

estabelece que só há a real interação entre o indivíduo e o sistema quando o primeiro está disposto a se relacionar com os elementos do segundo. Para isso, o indivíduo deve aceitar a meta, as regras e o sistema de *feedback* propostos pelo ambiente.

10. Vianna et. al. (2013).
11. Garris, Ahlers e Driskell (2002).
12. Li, Grossman, Fitzmarurice (2012).

Orienta para a atividade e não se limita a um fim específico, ultrapassando o conceito de conclusão de tarefas, apresentando como princípio o desejo do sujeito em atuar naquela atividade ou universo.

Determina a forma como o indivíduo se comporta e age para cumprir os desafios do ambiente. Favorece a criatividade e o pensamento estratégico, uma vez que ajustam o nível de complexidade do sujeito às atividades que devem ser realizadas.

Sistema de orientação sobre a posição do sujeito com os elementos que regulam a interação. Suporta a performance e a motivação do indivíduo.

meta + regras + feedback

participação voluntária

Só há a real interação entre o indivíduo e o sistema quando o primeiro está disposto a se relacionar com os elementos do segundo.

Relação das caracterísitcas de jogos essenciais para o desenvolvimento de artefatos gamificados.

Elementos como: narrativa, interatividade, suporte gráfico, recompensas, competitividade, ambiente virtual, entre outros, são construídos para criar a relação de proximidade com as quatro características apresentadas[13]. Elencar os aspectos essenciais dos jogos não é uma tarefa fácil, pois não há um consenso a este respeito[14]. Possíveis tópicos são: a **interatividade**, as **dinâmicas visuais**, as **regras**, os **objetivos**, os **papéis interpretados**, as **formas de controle**, os **múltiplos caminhos**, os **desafios e riscos**, a **estratégia**, a **competição** e as **mudanças**.

Entretanto, seis grandes categorias podem ser aplicadas em qualquer contexto que envolva a sistemática de jogos com propósitos instrucionais[15]:

Define um ambiente que promove situações – cognitivas, físicas ou sociais, que não existem. **Esta categoria permite que os indivíduos possam interagir em experiências fora do normal, e sem que reais consequências sejam atribuídas a eles**. Facilita a atenção e o foco quando os sujeitos se encontram imersos

13. Vianna et al. (2013).
14..Garris, Ahlers e Driskell (2002).
15. Garris, Ahlers e Driskell (2002).

em uma dada atividade, além de favorecer que o indivíduo possa visualizar um fenômeno por vários pontos de vista uma vez que oferece analogias e metáforas do mundo real. As situações Fantasiosas tornam a experiência do indivíduo emocionante, pois são incorporados no ambiente objetos e situações não presentes extrinsecamente, o que estimula o imaginário do sujeito[16]. Em um ambiente de ensino, esta categoria estimula o interesse dos alunos, fazendo inclusive com que a aprendizagem ocorra de forma mais rápida[17]. A utilização de realidades fantasiosas contribui para a retenção e relação com o conhecimento[18], pois:

- minimiza a complexidade, auxiliando o indivíduo a gerenciar o espaço conceitual que será experienciado;
- identifica funções de causa e efeito;

16. Li, Grossman, Fitzmarurice (2012).
17. Garris, Ahlers e Driskell (2002).
18. Kapp (2012).

- remove fatores de estranhamento, uma vez que muitos eventos do dia a dia não são tão interessantes como os fantasiosos;

- contribui para a redução de tempo de entendimento de conceitos.

Em um contexto de jogo e mesmo em uma narrativa interativa é necessário que o indivíduo assuma vários papéis no sistema de fantasia[19]. Tanto o contexto como os papéis são reais dentro do ambiente ficcional, mas irreais fora dele; e é esse aspecto que motiva o indivíduo, mesmo por que os ambientes fantasiosos podem influenciar as ações fora dele.

Os contextos da categoria Fantasia são classificados como fantasia **exógena** e fantasia **endógena**.

19. Garris, Ahlers e Driskell (2002).

A fantasia **exógena** se distingue por uma abordagem simples sobre o domínio de aprendizagem, ou seja, a fantasia está separada e externa ao conteúdo de aprendizagem. Por exemplo: os sujeitos podem aprender sobre fração ao se verem como personagens em um cenário pós-apocalíptico, tendo que matar zumbis para sobreviver. Entretanto, o conteúdo de domínio não está diretamente ligado à ação, mas utilizado, fora da narrativa, para que o indivíduo relacione os feitos no mundo fantasioso com a prática de aprendizagem. De forma contrária, enquanto **endógena**, a fantasia está envolvida com o conteúdo de aprendizagem. Por exemplo: os alunos podem aprender sobre física ao serem astronautas, tendo que pousar a nave em um planeta desconhecido. Dessa forma, o conteúdo de domínio está totalmente relacionado com a prática da ação naquele universo ficcional. Assim, quanto mais envolvente for a forma de fantasia, também o será o conteúdo a ser aprendido pelo aluno. Dentre os dois contextos, a fantasia *endógena* gera maior motivação ao ser comparada com a fantasia *exógena*.

regras e metas

As regras são a base para estruturação das metas de um jogo. Nestes, **as restrições e as regras do mundo real são substituídas por aqueles no tempo e no espaço fixos do novo universo.** Quando estas regras ultrapassam as fronteiras entre os mundos do sistema e do sujeito o processo é quebrado e deve-se voltar ao universo das regras definidas no sistema. Metas claras, específicas e com certa dificuldade são motivadoras e estimulam o desempenho dos jogadores. Objetivos claros possibilitam o envolvimento do sujeito com o sistema na medida em que o indivíduo entende, de forma objetiva, o que tem que ser realizado[20]. Apesar de regras e de metas serem fixas, deve-se permitir grande possibilidade de ações do indivíduo no sistema, isso para facilitar o envolvimento de uma variedade de diferentes estilos de aprendizagem, estratégias e experiências[21]. Existem três categorias de regras que operam nos jogos e são passadas para contextos gamificados:

20. Li, Grossman, Fitzmarurice (2012).

21. Garris, Ahlers e Driskell (2002).

- o sistema de regras define as operações dentro do universo do jogo, ou seja, como o mundo funciona: os jogadores poderem utilizar magia, por exemplo;
- as regras processuais que definem as ações dentro destes jogos: se encontrar uma certa quantidade de poções mágicas o jogador passará de nível;
- as regras importadas são aquelas que os indivíduos levam do mundo real para os jogos: não poder mentir ou não ser leal. Esta última categoria de regras é formadas através do senso comum dos jogadores e acabam influenciando seu comportamento no jogo.

estímulos sensoriais

Ao interagir em um mundo imaginário, formado por outra realidade e diferentes regras, as sensações e percepções dos indivíduos são distorcidas para se associarem a este novo universo. A sensação de vertigem neste universo é uma forma de euforia que desordena a percepção, estimulada pelas imagens e sons, intoxicando os sentidos, como acontece em uma partida esportiva ou em um parque de diversões[22].

desafios

Os indivíduos sempre buscam algum tipo de desafio, que não seja nem tão fácil ou nem tão difícil para ser superado. Controlar uma atividade para que esteja equilibrada entre os níveis de habilidade e dificuldade do indivíduo estimula a continuação no fluxo[23], mantendo a motivação. Entretanto, controlar o nível dos desafios, de forma ampla, parece ser uma tarefa um tanto subjetiva. Neste caso as metas devem ser claras, e devem ter algum significado para o indivíduo, porém, a possibili-

22. Garris, Ahlers e Driskell (2002).
23. Csikszentmihalyi (2008).

dade das metas serem atingidas deve parecer incerta[24]. Deve-se empregar níveis progressivos de dificuldade associados a múltiplos objetivos e prever certa ambiguidade nas informações para garantir níveis desafiadores. Neste caso, o sistema de *feedback* é importante para que o indivíduo possa acompanhar seu progresso.

mistério

A curiosidade é um dos principais motivadores para a aprendizagem. Isto parece ser uma tendência humana para se entender o mundo, por isso da curiosidade sobre coisas que não se pode explicar ou inesperadas. Divide-se em dois tipo:

- a curiosidade sensorial, relacionada às descobertas de novas sensações;
- a curiosidade cognitiva, ligada ao conhecimento.

24..Garris, Ahlers e Driskell (2002).

De forma geral, a curiosidade tem como base as informações do indivíduo, que utiliza seu conhecimento como um mediador. A relação entre curiosidade e mistério consiste no fato de que a primeira é inerente ao indivíduo e o segundo é externo ao sujeito e está presente no ambiente. Dessa forma, o mistério é formado a partir da curiosidade do indivíduo, na medida em o mistério evoca a curiosidade. Assim, o mistério tem sua gênese na: incongruência, ou inconsistência, ou falta das informações disponíveis, complexidade, novidade, surpresa, quebra de expectativa e na dúvida para prever eventos futuros. Como exemplo: o gênero ficcional aventura na maior parte das vezes envolve a busca por informações e a exploração do desconhecido. Além disso, atividades em contextos fantasiosos permitem o estímulo à curiosidade, uma vez que, pelas novas regras, o indivíduo deve ter que descobrir o novo universo.

controle

Tem como referência a capacidade de fazer regulações ou comandar algo, além do exercício de autoridade sobre alguma coisa. Esta categoria proporciona certo controle sobre o ambiente e eleva os níveis de motivação, e, com isso o de aprendizagem[25]. Isso possibilita ao indivíduo tomar decisões independentes de influências externas, criando um ambiente que minimiza restrições extrínsecas. O ideal seria o desenvolvimento de atividades inerentemente intrínsecas, evitando assim, recompensas externas supérfluas e utilizando o mínimo de pressão externa. Entretanto, estes controles não precisam necessariamente ser relevantes em contextos amplos[26], como, por exemplo: em um contexto instrucional, os indivíduos não devem ter que controlar o conteúdo da aprendizagem, mas aspectos ligados aos passos de como aprender. Este tópico está associado com a categoria estética agência[27], onde as ações que trazem um efeito ao usuário são vistos

25. Kapp (2012).
26. Garris, Ahlers e Driskell (2002).
27. Murray (2003).

como motivadores. Entretanto, entende-se que a sensação de controle deve ter como base as regras do ambiente e, por isso, o sujeito pode ter a sensação de controle sobre alguns aspectos menos relevantes para o processo de aprendizagem.

Dentre outros elementos de destaque nos jogos, e incorporados nas estratégias de *gamification*, estão as possibilidades de o indivíduo se recuperar ao cometer erros, podendo repetir várias vezes uma dada tarefa[28]. No processo de aprendizagem, essa liberdade em fracassar nas atividades permite aos alunos aumentar seu envolvimento através de experimentações sem medo. De forma análoga, as características que fazem de um artefato midiático um jogo, e que podem ser utilizadas em um contexto de *gamification*[29] são:

- a atividade deve ser realizada sem que haja obrigação externa, ou seja, a motivação

28. Hanus e Fox (2015).
29. Collantes (2013).

da participação deve partir do próprio indivíduo;

- funciona como uma estrutura autônoma do fluxo da realidade cotidiana;
- não deve ser caracterizada como realidade;
- seu desenvolvimento é com base em regras claras e objetivas;
- seu desenrolar, por parte do indivíduo, é de certo modo imprevisto, tendo em vista os obstáculos que devem ser ultrapassados;
- não produz riqueza material.

Nesta perspectiva, em um contexto educacional aspectos dos jogos como repetição de experimentos, ciclos rápidos de resposta, níveis crescentes de dificuldade, diferentes possibilidades de caminhos, reconhecimento e recompensa, são extremamente significantes para

a aprendizagem[30]. Destacam-se ainda, outros elementos encontrados nos jogos que podem favorecer a motivação do indivíduo[31], entre eles:

Crescimento Contínuo de Habilidades
define como o ambiente deve favorecer o aumento progressivo de conhecimento do usuário;

Tempo e Pressão
auxiliam a estabelecer metas claras e desafiadoras aos usuários;

Recompensas
são formas de medir o desempenho do jogador através da atribuição de pontuação, após a conclusão de estágios ou níveis no jogo;

Estímulos
são alterações no ambiente interno ou externo que podem garantir altos níveis de engajamento.

30. Simões, Redondo e Vilas (2013).
31. Li, Grossman, Fitzmarurice (2012).

Com respeito ao último tópico, os níveis de engajamento são identificados por métricas inter-relacionadas como recência, frequência, duração, viralidade e classificação[32]. Em uma aplicação web, por exemplo, essas métricas podem constituir-se como[33]:

- a relação de visualização por visitantes de uma página na web;
- o tempo gasto no local;
- o tempo total gasto por usuário;
- a frequência da visita por usuário;
- e a participação.

Collantes (2013) exemplifica o caso de um concurso para a contratação de funcionários estatais, explicitando as coincidências deste ato cotidiano com os conceitos vistos sobre *gamification*: no caso específico há uma grande quantidade de candidatos, ou jogadores, e uma pequena

32. Zichermann e Cunningham (2011).

33. Muntean (2011).

quantidade de ganhadores; há um júri e uma série de provas e regras explícitas de atuação e avaliação.

O processo tem como base perseguir objetivos claros, com início e fim definidos. Isso explica a possibilidade da utilização de conceitos de *gamification* em várias áreas. Entretanto, existem diferenças entre os jogos e as atividades semelhantes. A principal delas é que o jogo é desenvolvido nele mesmo, enquanto que no caso das atividades semelhantes as dos jogos, essas são instrumentos para decisões mais amplas e com desdobramentos em outras áreas.

6

gamification com base nas mecânicas dos jogos

Para se manter a motivação do indivíduo em qualquer ambiente, deve-se fornecer a ele estímulos de alta qualidade e com diferentes formatos[1]. Para se chegar a esse resultado, na construção de artefato gamificado, é preciso apropriar-se dos elementos mais eficientes de um jogo – Mecânicas, Dinâmicas e Estética – para a criação e adaptação das experiências do indivíduo[2]. No caso dos elementos dos jogos, os comportamentos intrínsecos estão baseados em três relações[3]:

Mecânicas: compõem os elementos para o funcionamento do jogo e permitem as orientações nas ações do jogador;

Dinâmicas: são as interações entre o jogador e as mecânicas do jogo;

Estéticas: dizem respeito às emoções do jogador durante a interação com o jogo. Essa relação resulta das relações anteriores entre as mecânicas e as dinâmicas, que levam à criação das emoções do jogador.

1. Li, Grossman e Fitzmaurice (2012).
2. Vianna et al. (2013).
3. Zichermann e Cunningham (2011).

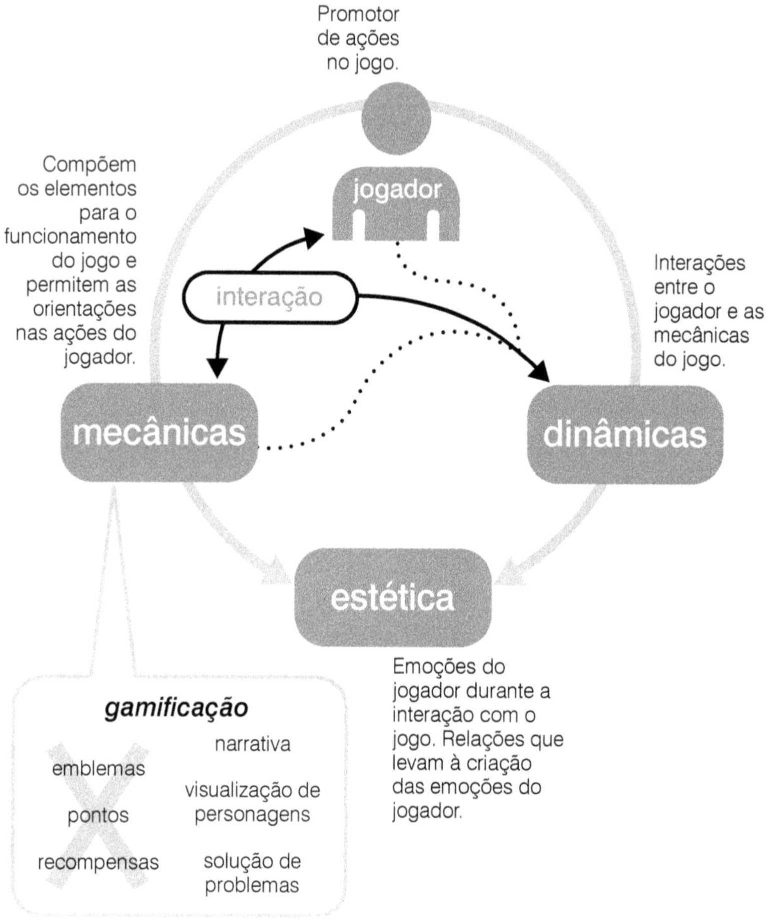

Promotor de ações no jogo.

jogador

Compõem os elementos para o funcionamento do jogo e permitem as orientações nas ações do jogador.

interação

Interações entre o jogador e as mecânicas do jogo.

mecânicas

dinâmicas

estética

Emoções do jogador durante a interação com o jogo. Relações que levam à criação das emoções do jogador.

gamificação

emblemas

pontos

recompensas

narrativa

visualização de personagens

solução de problemas

Relação entre mecânicas, dinâmicas, estética no ato de jogar.

As dinâmicas são entendidas como o esboço do sistema, enquanto que as mecânicas são os processos que levam às ações dos indivíduos[4], onde, cada dinâmica leva ao desenvolvimento de uma mecânica. A mecânica é expressa na sua funcionalidade, representando o aspecto fundamental para qualquer contexto gamificado[5]. Porém, nem todas as mecânicas dos jogos são recomendadas em *gamification*[6], como, por exemplo: emblemas, pontos e recompensas. Muitas dessas estão atreladas a motivações externas, o que pode prejudicar o engajamento e a motivação do indivíduo. Por outro lado, os elementos com real poder em um ambiente gamificado são: a narrativa, a visualização de personagens e a solução de problemas. Estes são os fundamentos por onde a *gamification* deve ser construída, favorecendo assim que o engajamento e a aprendizagem sejam passados para outro nível.

As mecânicas de um jogo são compostas por várias ferramentas que têm a capacidade de produzir respostas estéticas significativas aos indivíduos[7]. **Dentre estas ferramentas destacam-se:**

4. Clementi (2014).
5. Muntean (2011).
6. Kapp (2012).
7. Zichermann e Cunningham (2011).

Pontos

Este elemento pode ser utilizado para os mais variados propósitos e possibilita o acompanhamento dos sujeitos durante a interação com o sistema. Este acompanhamento pode tanto servir como estímulo para o indivíduo, como servir como parâmetro para que o desenvolvedor possa acompanhar os resultados dos agentes envolvidos;

Níveis

São etapas que indicam o progresso do jogador dentro do jogo. Podem ser utilizadas como forma de controle de aumento do crescimento dos níveis de habilidade e de conhecimento do indivíduo no sistema;

Placar

Tem como propósito a realização de comparações. Geralmente apresentada por uma lista ordenada de dados, como nomes e pontuações referentes aos obstáculos ultrapassados ou não pelo indivíduo, ou comparação entre sujeitos;

Divisas

São elementos simbólicos, como distintivos, com o objetivo de marcar os objetivos e constantes progressos dentro do sistema. Além de aumentar o nível de engajamento, este item possibilita o incentivo da promoção social;

Integração

Possibilita que um jogador inexperiente se veja inserido no sistema. Este é um parâmetro que indica o desenvolvimento do engajamento do sujeito ao experienciar um jogo pela primeira vez. Nos primeiros minutos dentro do ambiente deve-se revelar lentamente a complexidade do sistema, reforçar o usuário de forma positiva, criar um ambiente em que haja baixa possibilidade de falhas, além de ter a capacidade de se aprender algo sobre o jogador. Este é um aspecto extremamente desafiador no processo de *gamification*, pois tem o intuito de cativar e encorajar o indivíduo a permanecer dentro de um sistema, em princípio desconhecido. Os benefícios de se acertar neste processo podem garantir o engajamento em longo prazo;

Desafios e Missões

São dados aos indivíduos indicando as direções daquilo que deve ser feito dentro do universo da experiência. O ideal é que os indivíduos, ao experienciar esse novo ambiente, tenham sempre algo interessante e substancial para realizar, culminando assim em uma experiência global. Devido aos diferentes perfis de jogadores é necessário sempre criar um grande volume de opções interessantes dentro do ambiente;

Loops de Engajamento

A criação e a manutenção de emoções motivadoras sucessivas contribuem para que o sujeito tenha um contínuo processo de reengajamento na experiência do jogo;

Personalização

Pode ser caracterizada de várias formas e possibilita a transformação de itens do sistema pelo sujeito. Entretanto, adverte-se quanto à utilização deste recurso, pois poucas ou muitas escolhas podem desmotivar o envolvimento do indivíduo. Desta forma, escolhas de mudança devem ser disponibilizadas de modo gradual;

Reforço e *Feedback*

Servem para fornecer dados ao jogador, informando-o onde se encontra no ambiente e o resultado de suas ações. São recursos essenciais para o jogo como um todo.

Existem ainda doze mecânicas de jogos que são utilizadas em profundidade dentro de jogos atuais[8] e consequentemente podem ser exploradas em ambientes gamificados:

1 **Reconhecimento de padrões:** é uma forma de interação extremamente dinâmica entre o indivíduo e o sistema. Ao tentar desvendar a complexidade do novo universo, o indivíduo busca reconhecer padrões que o auxiliam a organizar o mundo ficcional. O reconhecimento desses padrões pode ser caracterizado como uma forma de recompensa;

8. Zichermann e Cunningham (2011).

2 **Coleta:** tem como base a característica humana de juntar materiais possivelmente úteis no futuro. Pode ser explorada como tendência em se tratando de elemento motivacional;

3 **Surpresa e Prazer Inesperados:** surpresas positivas geram sensação de prazer no indivíduo. Esse tipo de elemento deve ser estimulado nas experiências, em ambientes com base em *gamification*, pois podem criar níveis de engajamento duradouros. As formas de utilização variam e dependem do efeito esperado;

4 **Organização e Criação de Ordem:** alguns perfis de jogadores são atraídos com sistemáticas de organização de elementos ou conjuntos, principalmente quando são recompensados por isso. Muitos jogos como SimCity ou Tetris exploram este tipo de ferramenta;

5 **Presentear:** muitos jogos, principalmente sociais, utilizam presentes como mecanismo para promoção ou recrutamento de novos jogadores. Muitas dessas mecânicas consistem em dar algo a alguém para ganhar algo em troca. A lógica desta ferramenta não é o valor, mas sim se o presente é divertido e fácil;

6 **Flerte e Romance:** servem como forma interessante, e simpática, de promover o envolvimento entre os jogadores. Observa-se que muitas vezes este recurso é mais valioso do que realmente conhecer outra pessoa. Dentro desta ferramenta, qualquer tipo de interação social, desde que não haja confronto, pode ser classificado neste item;

7 **Reconhecer para Realizar:** consiste basicamente em entender como funcionam as regras do ambiente para então realizar uma determinada tarefa;

8 **Liderança:** ferramentas em que a recompensa foca no poder de liderança do jogador;

9 **Fama:** a métrica deste item está ligada ao número de pessoas que veem, assinam, falam, compartilham algo de alguém. Necessariamente, não está ligada a qualquer escala de progressão, mas sim na influência sobre outros;

10 **Tornando-se Herói:** esta ferramenta é baseada em jogos populares fundamentados no conceito de resgate à princesa, ou similares. Atualmente, o comportamento do indivíduo pode ser estruturado para outros jogadores, assim as recompensas dirigem-se aos pares;

11 ***Status:*** define hierarquias dentro dos sistemas. Essas hierarquias podem ser definidas por distintivos ou pela possibilidade de escolhas. De qualquer forma, o status pode ser utilizado como forma de recompensa;

12 **Nutrição e Crescimento:** conceito onde os jogadores devem ter que cuidar de certo ambiente para florescê-lo. Ou seja, a ideia é de que o indivíduo invista o

controle em determinadas ações para ter um resultado futuro.

Algumas funções e ações devem ser desenvolvidas e relacionadas na aplicação de dinâmicas e de mecânicas de jogos que são utilizadas em *gamification*[9].

Dentre as Dinâmicas

- coerção indica a utilização de tarefas limitadas ou forçadas;
- emoção contempla a curiosidade, a competitividade, a frustração e a felicidade;
- narrativa deve conter a história e ser consistente;
- progressão deve possibilitar o crescimento e o desenvolvimento do indivíduo dentro do ambiente ou situação;
- relações contemplam as interações sociais, o altruísmo e a cooperação.

9. Clementi (2014, p.78).

Dentre as Mecânicas

- relações contemplam as interações sociais, o altruísmo e a cooperação;
- desafios correspondem ao esforço de solucionar enigmas e tarefas;
- chance está atrelada à aleatoriedade;
- competição pode ser tanto de forma individual como em equipe;
- cooperação contempla os objetivos compartilhados;
- *feedback* são as respostas as ações;
- aquisição de recursos diz respeito a aquisição de itens úteis ao sujeito ou colecionáveis;
- recompensas são respostas positivas e benefícios das ações ou conquistas;

- transações podem ser diretas ou intermediárias;
- turnos correspondem a participações sequenciais;
- estado de vitória diz respeito a condição de vitória de jogadores.

As mecânicas de um jogo são utilizadas para gamificar certas atividades e dizem respeito ao sistema de regras e recompensas destinadas a evocar emoções no indivíduo[10]. Essas emoções, por sua vez, estimulam desejos e motivações, compondo assim as dinâmicas dos jogos. De forma geral, as dinâmicas estão relacionadas com as mecânicas. Para Simões, Redondo e Vilas (2013) as principais mecânicas e dinâmicas de jogos são:

- pontos como mecânica e realizações como dinâmica;
- níveis como mecânica e *status* como dinâmica;

10. Simões, Redondo e Vilas (2013).

- troféus, *badges* e conquistas como mecânicas e conquista como dinâmica;
- virtual goods como mecânica e expressão própria como dinâmica;
- *leaderboards* como mecânica e competição como dinâmica;
- virtual *gifts* como mecânica e altruísmo como dinâmica.

Além disso há uma série de diretrizes para a construção de uma plataforma de aprendizagem gamificada[11], são elas:

Repetição de experimentação.

Tanto as atividades de aprendizagem como os jogos devem permitir que o sujeito possa repetir suas experimentações, sempre com o intuito de chegar ao objetivo estabelecido;

11. Simões, Redondo e Vilas (2013, p. 348).

Ciclos de rápidos *feedbacks*.

Isso auxilia os indivíduos na construção e no melhoramento de suas estratégias, tendo maiores chances de sucessos nas suas tentativas;

Tarefas ajustadas aos níveis de habilidade.

Compor um artefato cujos objetivos estejam configurados em níveis de habilidade promovem melhora na motivação do indivíduo, isso tendo em vista que os jogos sempre devem incentivar que os jogadores acreditem no sucesso;

Dificuldades das tarefas relacionadas com o desenvolvimento das habilidades dos estudantes.

Quando as tarefas são adaptadas ao nível de habilidade de cada sujeito, aumenta-se a expectativa desse indivíduo em completar com êxito aquela dada tarefa;

Dividir uma tarefa complexa em várias outras menores simplificadas e curtas.

Corrobora para que os alunos possam lidar com uma tarefa complexas, solucionando etapas constituintes de algo maior;

Disponibilizar variedade de caminhos.

Permite que o aluno possa acompanhar a sequência de tarefas que melhor lhe convir, criando um caminho próprio de interação;

Possibilitar o reconhecimento e recompensas por professores, pais e outros alunos.

O que promove ao aluno o *status* social.

Com base nas diretrizes apontadas entende-se que um artefato para aprendizagem gamificado, que tenha foco na motivação e no engajamento, deve ser estruturado de forma a contemplar os seguintes objetos para alunos, professores e pais:

- auxiliar os alunos a entenderem que o fracasso pode fazer parte do processo de aprendizagem, evitando assim ansiedade desnecessária diante de uma falha. *Feedbacks* positivos de falhas motivam o aluno a continuar tentando realizar determinado desafio, aumentando o nível de envolvimento do indivíduo com a tarefa;
- favorecer que os alunos possam experimentar o estado de fluxo[12] durante o processo de aprendizagem ou na realização de uma atividade. Isso eleva os níveis de motivação intrínseca do indivíduo ao se relacionar no processo;
- possibilitar que os alunos possam assumir várias identidades na execução de diferentes funções e tarefas. Isso promove a experimentação e uma visualização de vários pontos de vista;
- as recompensas e os incentivos vindos de colegas, professores e pais

12. Csikszentmihalyi (2008).

reforçam no desenvolvimento de uma identidade com base na escola, o que melhora o engajamento do aluno com o aprendizado;

- motivar os alunos no desenvolvimento de suas habilidades com recompensas e outros incentivos. Por exemplo, reconhecimentos vindos de professores e demais colegas, nas realizações acadêmicas, possibilitam que o aluno crie fortes laços com a instituição. Além disso, o reconhecimento social e as recompensas também motivam os indivíduos a melhorar suas habilidades;
- os pais e os professores também devem ser motivados a recompensar o progresso dos alunos, auxiliando no laço com o aprendizado.

7
elementos narrativos em gamification

A experiência narrativa no indivíduo é gerada tanto pelo ato de acompanhar, ler, assistir, ouvir, etc., uma história como o de jogar.

> A experiência narrativa leva à experiência cognitiva, que se traduz em um constructo emocional e sensorial do indivíduo quando este se envolve em uma vida estruturada e articulada.

Entretanto, ao acompanhar a história o indivíduo experiência uma narrativa em que este não está incluído como ator[1]. Ou seja, o indivíduo participa "ao vivo" da história de outro agente, mas sem a possibilidade de interferência do curso da mesma.

No caso do jogo, o indivíduo "vive" uma história. Ou seja, o desenvolvimento da narrativa depende da ação ativa deste sujeito para sua resolução. Ao jogar, o indivíduo experimenta diretamente a imersão ao agir como protagonista. As possibilidades da narrativa no meio digital contribuem para a construção de histórias participativas[2], uma vez que o espectador deve agir

1. Collantes (2013).
2. Murray (2003).

ativamente no curso da mesma, e as características advindas dos jogos favorecem esta atividade do indivíduo. No caso da narrativa hipermídia, identifica-se que o espectador pode viver a história assim como nos jogos.

ver história	X	viver história
O indivíduo participa da história de outro, sem a possibilidade de interferência.		O indivíduo desenvolve a história por meio de ações para a resolução de incidentes.

Relação entre ver e viver uma história.

Artefatos educativos baseados em jogos fundem as tarefas relacionadas aos domínios com a narrativa da história e com os elementos interativos[3]. Isso permite que o indivíduo tenha experiências viciantes com a história, através da relação entre o conteúdo de aprendizagem e dos personagens, do enredo, da tensão e da resolução. Os elementos das histórias não são apenas elementos engajadores, mas servem como

3. Kapp (2012).

guia para o aluno se movimentar no ambiente, contribuindo para sua satisfação e alcançando seus objetivos.

Entende-se que é possível resumir os elementos dos jogos em: **personagem, competição e regras de jogo**[4]. De forma análoga, identifica-se que na construção de uma história esses elementos podem ser explorados de modos diversos. Toda história abrange um personagem realizando ações em algum lugar, que devem respeitar as regras do ambiente narrativo e da história criada[5]. Igualmente, no processo de imersão o usuário está disposto a obedecer as regras daquele universo[6], e isso envolve tanto aspectos das regras de navegação como da própria história.

No caso do jogo destaca-se que a narrativa se desenvolve através de uma sequencialidade articulada de ações que determinam o tempo e levam às transposições sucessivas de situações e de estados[7]. Essa mesma característica de divisão sequencial é percebida na forma básica de narrativa, com a divisão clássica em três atos de uma história: apresentação, confrontação e resolução[8]. O que se faz notar

4. Schmitz, Klemke e Specht (2012).
5. Field (2009).
6. Murray (2003).
7. Collantes (2013).
8. Field (2009).

é que a base para a construção tanto de histórias como de jogos parte de uma gênese comum e que esta tem como suporte na construção de uma narrativa[9], considerando, obviamente, as peculiaridades de cada mídia.

Entende-se a narrativa como uma forma de abordar o mundo, possibilitando que os mais variados temas possam ser vividos pelo indivíduo de forma emocional[10]. Assim, destaca-se o pensamento como em jogo como um elemento que pode ser utilizado no processo de aprendizagem do indivíduo.

Estes elementos básicos[11] – personagem, competição e regras de jogos – são necessários quando *gamification* é aplicada a contextos de ensino, com efeito direto no processo de aprendizagem do indivíduo. Por exemplo: o personagem permite a identificação com o estudante; a competição favorece o foco e a atenção dos alunos; e as regras do jogo propiciam um ambiente de imersão favorável ao envolvimento do estudante no contexto de aprendizagem.

9. Collantes (2013).

10. Steiner e Tomkins (2010).

11. Schmitz, Klemke e Specht (2012).

A utilização de elementos de *gamification* contribui para o despertar de emoções do sujeito através da vivência de uma experiência de forma intensificada[12].

Ambientes narrativos exploram histórias de experiências, e essas experiências são fundamentais para constituir a memória, a comunicação e o próprio conhecimento dos indivíduos[13].

12. Vianna et al. (2013).

13. Gordon (2006).

8

reflexão

Gamification compreende estratégias motivacionais e engajadoras aplicadas em situação de resolução de problemas. Utiliza para isso, além de bases e sistemáticas comuns aos conceitos de jogos, teorias sobre narrativa e de aprendizabem. O foco deste fenômeno é envolver a experiência do indivíduo de forma completa, transportando-o para um universo ficcional, onde, a partir de sua prática frente às regras nesse novo mundo, a intenção é facilitar e acelerar a geração e a aplicação de conhecimento por parte do indivíduo. Além disso, esta presente sempre um elemento prático, muito além do simples entretenimento, apesar deste também constituir a *gamification*.

No processo de aprendizagem, a *gamification* surte efeitos positivos, tanto no engajamento do indivíduo, como no melhor aproveitamento para que o conhecimento seja mediado e construído. Por somar à sua base também elementos de psicologias educacionais, já aplicadas e utilizadas, muitos teóricos apontam a *gamification* como uma inovadora teoria de aprendizagem. Especialmente, concentra esforços na autonomia do indivíduo em um ambiente controlado, onde os conteúdos de domínios específicos são subdivididos e tratados como etapas em um contexto envolvente, correlacionando aspectos cognitivos, sociais e emocionais.

Uma ressalva ao processo de geração e relação com o conhecimento é o foco que as atividades de *gamification* devem dar na exploração das motivações internas dos indivíduos. Neste caso, a aplicação pura e simples de mecânicas básicas dos jogos no processo, pode acarretar em resultados negativos. Basicamente, por meio de situações fora do cotidiano, deve-se investir na curiosidade, satisfação e confiança do aluno dentro do processo.

Os elementos comuns aos jogos como narrativas, fantasia, curiosidade, mistério, metas, regras, *feedbacks*, desafios, estímulos e a possibilidade de controle contribuem para a construção de experiências dentro do ambiente gamificado, favorecendo a participação voluntária do indivíduo. Dessa maneira, as aplicações de mecânicas e de dinâmicas específicas, compartilhadas com os jogos, contribuem no processo de participação do sistema gamificado. Salienta-se que não são esses últimos atributos que gamificam um sistema ou ambiente, mas são peças complementares no processo.

referências

AMORY, Alan; NAICKER, Kevin; VINCENT, Jacky, ADAMS, Claudia. The use of computer games as an educational tool: identification of appropriate game types and game elements. *British Journal of Educational Technology*. Vol; 30 N°4, 1999, 311-321.

BROCKMEIER, Jens; HARRÉ, Rom. Narrativa: Problemas e Promessas de um Paradigma Alternativo. *Psicologia*: Reflexão e Crítica, 2003, 16(3), pp. 525-535.

BUSARELLO, Raul Inácio, FADEL, Luciane Maria, ULBRICHT, Vania Ribas, BIEGING, Patricia. Construction Parameters for Hypermedia Comics to Learning Based on the Gamification Concept In: *International Conference on Design and Emotion* (9th : 2014 : Colombia), 2014, Bogotá. The colors of care: 9th International Conference on Design & Emotion. Bogotá - Colômbia: Ediciones Uniandes, 2014. v.1. p.616 – 622.

CLEMENTI, Juliana Augusto. *Diretrizes motivacionais para comunidades de prática baseadas na gamificação*. Dissertação submetida ao Programa de Pós-Graduação em Engenharia e Gestão do Conhecimento da Universidade Federal de Santa Catarina para a obtenção do Grau de Mestre em Engenharia e Gestão do Conhecimento. Florianópolis, 2014.

COLLANTES, Xavier Ruiz. Juegos y viedojuogos. Formas de vivencias narrativas. In SCOLARI, Carlos A.. Homo Videoludens 2.0. De Pacman a la gamification. *Colleccio Transmedia XXI*. Laboratori de Mitjans Interactius. Universitat de Barcelona. Barcelona. 2013.

CSIKSZENTMIHALYI, Mihaly. *Flow*: The Psychology of Optimal Experience. HarperCollins e-books. New York, 2008

DE-MARCOS, Luis; DOMÍNGUEZ, Adrián; SAENZ-DE-NAVARRETE, Joseba; PAGÉS, Carmen. An empirical study comparing gamification and social networking on e-learning. Elsevier. *Computers & Education 75* (2014) 82–91.

DOMÍNGUEZ, Adrián; NAVARRETE, Joseba Saenz de; MARCOS, Luis de; SANZ, Luis Fernández; PAGÉS, Carmen; HERRÁIZ, José Javier Martínez. Gamifying learning experiences: Practical implications and outcomes. *Journal Computers & Education, Virginia*, v. 63, p. 380–392, 2013.

FADEL, Luciane Maria; ULBRICHT, Vania Ribas; BATISTA, Cláudia; VANZIN, Tarcísio. *Gamificação na Educação*. Pimenta Cultural : São Paulo. 2014.

FIELD, Syd. *Roteiro*: os fundamentos do roteirismo. Curitiba : Artes e Letras, 2009.

FILSECKER, Michael; HICKEY, Daniel Thomas. A multilevel analysis of the effects of external rewards on elementary students' motivation, engagement and learning in an educational game. *Computers & Education 75* (2014) 136–148.

FURIÓ, David; GONZÁLEZ-GANCEDO, Santiago; JUAN, M. C.; SEGUÍ, Ignacio; COSTA, María. The effects of the size and weight of a mobile device on an educational game. *Journal Computers & Education*, Virginia, v. 64, p. 24–41, 2013.

GARRIS, Rosemary; AHLERS, Robert; DRISKELL, James E. Games, Motivation, an Learning: a research and practice model. *Simulation & Gaming*, Vol. 33 No. 4, December, 2002. 441-467.

GORDON, Andrew S. Fourth Frame Forums: Interactive Comics for Collaborative Learning. ACM 1-59593-447-2/06/0010. *MM'06*, October 23–27, 2006, Santa Barbara, California, USA.

HAMARI, J., KOIVISTO, J., & SARSA, H. (2014). Does Gamification Work? – A Literature Review of Empirical Studies on Gamification. In *proceedings of the 47th Hawaii International Conference on System Sciences*, Hawaii, USA, January 6-9, 2014.

JOHNSON, L.; ADMAS BECKER, S.; ESTRADA, V.; FREEMAN, A. *NMC Horizon Report*: 2014 Higher Education Edition. Austin, Texas: The New Media Consortium. 2014.

KAPP, K. M. *The gamification of learning and instruction*: Game-based methods and strategies for training and education. San Francisco: Pfeiffer, 2012.

LI, Wei; GROSSMAN, Tovi; FITZMAURICE, George. *Gamified Tutorial System For First Time AutoCAD Users*. UIST '12, October 7–10, 2012, Cambridge, Massachusetts, USA.

MALONE, Thomas W. Heuristics for Designing Enjoyable User Interfaces: Lessons from Computer Games. *CHI '82 Proceedings of the 1982 Conference on Human Factors in Computing Systems*. 1982. Pages 63-68. Disponível em: <http://www.hcs64.com/files/Malone-Heuristiques.pdf>. acesso em 16 jul. 2015.

MUNTEAN, Cristina Ioana. Raising engagement in e-learning through gamification. *The 6th International Conference on Virtual Learning ICVL*, 2011.

MURRAY, Janet H. *Hamlet no holodeck*: o futuro da narrativa no ciberespaço. São Paulo: Itaú Cultural: Unesp, 2003.

SCHMITZ, Birgit; KLEMKE, Roland; SPECHT, Marcus. Effects of mobile gaming patterns on learning outcomes: a literature review. *Journal Technology Enhanced Learning*, 2012.

SEABORN, Katie; FELS, Deborah I. Gamification in theory and action: A survey. *Human-ComputerStudies 74* (2015) 14–31.

SIMÕES, J; REDONDO, R D; VILAS, A F. A social gamification framework for a K-6 learning platform. *Computers in Human Behavior*. Instituto Superior Politécnico Gaya, Portugal: [s.n.]. 2012.

STEINER, Karl E.; TOMKINS, Jay. *Narrative Event Adaptation in Virtual Environments*. Disponível em: <http://delivery.acm.org/10.1145/970000/964453/p46-steiner.pdf?key1=964453&key2=

8654055721&coll=GUIDE&dl=GUIDE&CFID=92527425&CFTOKEN=74453275>. Acesso em: 02 junho 2010.

TUNCEL, Gül; AYVA, Özge. The utilization of comics in the teaching of the "human rights" concept. ScienceDirect. *Procedia Social and Behavioral Sciences 2* (2010) 1447–1451. 1877-0428 © 2010 Published by Elsevier Ltd. doi:10.1016/j.sbspro.2010.03.216

VIANNA, Ysmar; VIANNA, Maurício; MEDINA, Bruno; TANAKA, Samara. *Gamification*, Inc.: Como reinventar empresas a partir de jogos. MJV Press: Rio de Janeiro, 2013.

WELLER, Martin J. The use of narrative to provide a cohesive structure for a web based computing course. *Journal of Interactive Media in Education*, 2000.

ZICHERMANN, Gabe; CUNNINGHAM, Christopher. *Gamification by Design*: Implementing Game Mechanics in Web and Mobile Apps. Sebastopol, CA : O'Reilly Media, Inc. 2011.

RAUL INÁCIO BUSARELLO

Há mais de 20 anos atua em áreas criativas e inovadoras com foco em comunicação, design e novas mídias. Desde 2010 explora narrativas visuais, audiovisuais e hipermidiáticas para a geração e mediação do conhecimento de forma acessível. Criou objeto de aprendizagem com base em histórias em quadrinhos hipermídia que foi premiado em 2013, durante o LACLO, no Chile. O objeto explora a ludicidade e a visualidade para a aprendizagem do público surdo. Desenvolve objetos de aprendizagem com base em narrativa sequencial, explorando conceitos e tópicos de gamification para a aprendizagem de forma ampla. Ilustrador, diretor de arte, designer e cineasta. Pesquisa e desenvolve projeto na área de cinema interativo. Atuou em agências de publicidade e design com criação de projetos e campanhas de caráter nacional e internacional. Em 2009 foi premiado pela criação da marca comemorativa do MASC.

É Doutor e Mestre em Engenharia e Gestão do Conhecimento, na área de Mídias do Conhecimento, pela UFSC, Pós-Graduado em Design Gráfico e Estratégia Corporativa, Especialista em Cinema pela NYFA (NY-USA) e Bacharel em Comunicação Social com habilitação em Publicidade e Propaganda. É consultor e palestrante em inovação e novas mídias, diretor de criação na Pimenta Cultural e professor de cursos de graduação e pós-graduação em importantes Universidades do Estado de São Paulo. Também é autor e co-autor de uma série de artigos e livros científicos nacionais e internacionais nas áreas de gamificação, novas mídias, aprendizagem, inovação e acessibilidade.

www.ingramcontent.com/pod-product-compliance
Ingram Content Group UK Ltd.
Pitfield, Milton Keynes, MK11 3LW, UK
UKHW022004190726
13853UKWH00004B/1717